バックトゥ生物

BACK TO
SEIBUTSU

宮本 毅
MIYAMOTO TSUYOSHI

幻冬舎 MC

バックトゥ生物

はじめに

僕が提示したいことはシンプルです。

社会はだいぶおかしい。最近僕はそう感じています。

例えば、現在多くの人が「老後の生活設計について」不安を抱えています。

2019年に金融庁が老後、標準的な生活を送るためには、公的年金+2000万円が必要だと発表したこともありました。

「2000万円の用意なんてできない」と感じた人も多いはずです。

2025年には、団塊の世代が75才を迎え、国民の約4人に1人が後期高齢者になります（団塊の世代=1947年~1949年生まれ）。

「老後、安心して暮らしていけるのか?」

「老後、お金が足りなくなったらどうしよう?」

「老後、賃貸住宅が借りにくくなるのは本当か？」

など不安は尽きません。普通に暮らしたいだけなのに、そのこと自体に不安を抱えてしまうのです。

ネットで動画などを見ていると時代に適応しろって言ってますよね。世界は変わるとか。日本人はダメだとか。英語を覚えろとか。環境に適応するのが生物の本道。適応できない生物は絶滅するとか。

ここで僕は明言します。僕の経験から言い切ります。僕の人生を土台に宣言します。

彼らが言っていることは100％嘘です。

僕は昭和根性世代に育ちました。バブルの明るい社会の仲間入りを目指して勉強しました。受験戦争も生き延びました。

しかし、高校に入学した年にバブルは崩壊。大学に入学した時には絶対に潰れない会社であるはずの山一證券が倒産。

冷戦も完璧に終わりを迎え、なにやら世界中が経済戦争に入ると世の中が騒ぎ始めました。日本人が生き残るには、今までのやり方ではダメだと。創造性があり、英語がしゃべれて、パソコンに通じている人間以外は経済的負け犬になる。海外との経済戦争にも負け最後は日本国内で飢え死にする、と。

僕は己の立ち位置を見つめました。僕は、日東駒専の下にある大学に通っていました。マスコミの言う世の中になるならば、飢え死に人生が待っているグループの人間です。

僕は生き残るために、分析しました。僕クラスの人間でも飛び込める勝利グループはないだろうか？　と。上級と下級の狭間に存在するグループを探しました。そこに飛び込むんだ。一度内部に入り込めばこっちのものだ。後は定年まで誰にも嫌われないように勤めあげよう。30才になったら結婚式して、家庭を作る。子供は2人。

65才で定年したら、タイかフィリピンに妻と移住しよう。

余生は温暖で、物価の安いアジアで安楽に生きるんだ。

先行逃げ切りの人生を完遂するんだ。そう決意しました。

父親がマスコミ関係の仕事をしていたせいか、情報収集と分析能力は受け継いでいたのでしょう。僕は僕にとって最高な産業グループを発見できました。それはスーパーでした。

当時、スーパーはグループ会社のコンビニとファミリーレストランの好調もあり、右肩上がりの産業でした。

さらに分析を進めました。ファミレスの社員はスーパーハードな世界だ。定年まで勤める自信はない。コンビニの社員には頭脳戦が求められる。僕クラスの人間は入社はできない。やはりスーパーを狙おう。スーパーは、固定客相手で生活必需品を扱う。コンビニのように激しい商品展開はない。しかもファミレスやコンビニのように24時間営業ではない。夜勤がない。「これだ！」定年までの僕の居場所はスーパーだ。長い思索の末に悟りを得た僕は就活のエネルギーをスーパーマーケットに全力で注ぎ込みました。

その結果某大手総合スーパーの内定を勝ち取りました。しかも幹部候補生の枠で。天にも昇る気分でした。僕の心の世界にはすでに妻と肩を並べてタイのビーチで夕日を眺めている65才の僕が存在していました。

が、2年後僕はスーパーを退社していました。入社してすぐにうつ病になってしまっていたのです。その後約20年間僕は東京の底辺を流転しながら生きてきました。日本は確かに不況になりました。が、そんなに餓死者はいません。スラムのような場所もそんなにありません。家族や子供を持っている友人も多数います。

東京では五輪も行われました。僕が大学生だった時に日本の破滅を叫んでいた人々はいったい何処に行ったんでしょう。

ちなみに僕の先行逃げ切り人生の母体になるはずだった某大手総合スーパーは店舗の約半数を閉鎖することを決定し、大リストラを決行しました。不動産業界で働く知人はかつて大手不動産会社でリストラを経験しました。リストラが始まると社員の人生は、去るも地獄、残るも地獄状態になるらしいです。僕の定年までの方舟になるはずだった会社の内部も今そういう状態でしょう。

ちなみに彼のいた不動産会社が傾いたキッカケは手抜き工事の発覚です。無論営業担当の彼にはなんの責任もありません。

僕の方舟は、利益を稼ぐ繊維部門の衰退が原因です。ライバルの〇クロにゴッソリ利益を奪われました。しかし〇クロが急成長していて我々の脅威になることは、僕が新入社員だった25年前からわかっていました。しかし、上層部は何の手も打たず、その結果は社員の大リストラに繋がっています。

つまりマスコミも無責任、世の中、組織も上層部の人間も無責任で無能な人々が多数存在するのでしょう。

マスコミ、動画配信者、世の中の偉い人々の言うことは大嘘、そう僕の経験から断言します。

では、我々はどうしたらよいのでしょう。

僕が提示したいのは生活の作り方と、維持の原理原則と知識です。生活の守り方であり、負けない為の知恵です。守りと言ってもただ耐えるためではなく、守りながら力を蓄えて、いずれくる人生のチャンスをものにする為の土台と思ってもらいたいです。

この考えは僕の人生経験から来ています。人生の強者や弱者の立場など、ただの相対的なものです。昨日は強者でも、明日は敗者になります。

就職氷河期に某大手企業に入社したその時は勝者です。が、その後うつ病になったのは先ほど申し上げたとおりです。そして会社を辞めてフリーターになりました。まぁ敗者です。その後医療系統の専門学校に入学、入学時は年長者としてクラスメイトから頼りにされて勝者。しかし、もう30才を超えていて固くなった僕の頭により学業は進まず劣等生に。みんなに助けてもらう存在になり、敗者へ。学校は結局大学、その後障がい者として施設で働き施設内でトップ戦力になり勝者。三年後に一般社会に復帰したものの、勿論末端のビリからスタート。その後も病気やら、リハビリやら、施設やら、アルバイトやらを流転していきました。

環境が変われば、自分の立場なんて、即効変わります。勝者や敗者なんて、その程度のものなんです。自分を守ってくれる普遍性のある力ではありません。

僕がその中で悟ったのは、守ること、維持すること、負けないことが、人生の活動の90％以上をしめる、という人生の配分でした。人生の90％をしめる負けない生活活動を学ぶことをこの本では提示します。夢の実現や幸福の土台には90％の守りが必要だと僕が悟ったからです。

何処かに世を憂いる救世主が現れて社会を改革してくれるのを待ちますか？僕は嫌です。いつ現れるかわからないそんな奇跡を願い、社会の変革を待っていたらただの被害者で人生は終わってしまいます。間違いなくそうなってしまいます。

我々は基礎に帰りましょう。

生物の基礎は「自分の生存は自分で守る」です。

人間は地球上生命体の一種です。他の生命体には個性があります。適正な生存戦略があります。

人間にも地球上生命体としての普遍的な個性と生存戦略があります。それを知りましょう。己を生物として正しく認識しましょう。

その上で現代社会にアレンジされた生存戦略を実行しましょう。自分の生活を永続的に守れる知識を得ましょう。テクニックを身につけましょう。正しい生活とは何か知りましょう。自分と家族と友人達の人生を自分で守りましょう。社会で頑張って活躍しても、死ぬ気で出世しても無駄です。僕らの知らない金持ちや株主や政治家が彼らのエゴで命令を出します。そして社会は凄いスピードで変わってしまいます。その変化の中で自分の優位性を維持するのは不可能です。

僕が生物に帰ろうと提言するのには、幾つかの訳があります。

一つは現在の常識の間違いを見抜く起点としての役割があるからです。常識の間違いを見抜くためです。

もう一つは平等性のためです。

ある人が人間は平等性を心に定着させるのは難しい、と言っていました。

何故ならば、概して自立心の強い人は他者への配慮がかけて、逆に他人に配慮できる人は依存心が強い傾向があるからです。

確かに、お互いに中々個性が違います。ですので、両者の共通項を探した結果、生物というアイデンティティーになりました。

生物は毎日生存の課題の中で生きていきます。この視座から見ると、自立心の強い人、感謝できる人の両方に生存の苦労があります。

さらに視座を広げると、男性、女性、赤ちゃん、幼児、少年少女、青年、中高年男女、海外の人々、他の地球上生物、全てに生存の苦労があります。

我々はみな生存の苦労をもつ兄弟だ、と思えます。差異による軋轢を乗り越える視座として生物の観点から全てを見てみましょう。

この世の生物はみんな環境に適応します。自分と環境を上手く繋いだものが生き残ります。地球上生命体の生存原理です。我々は人間です。社会が我々にとっての環境です。その環境は一部のお偉いさんによって変えられてしまいます。そのたびに適応できますか？　無理です。テレビや動画配信で人生の勝利を説教している彼ら。

あの人達は「今の現実」に適応しています。でもそれだけです。環境が変われば彼らもただの人になります。

彼らに流されるのはやめましょう。無駄です。

彼らの成功には普遍性はありません。彼らからは離れましょう。

我々は生活を守りましょう。

定義します。

生活とは生存活動です。

生活とは、

①金

②健康

③人間関係

を使用して我々が実行する生存活動です。

人生とは生活の集合体です。生活を積み重ねた結果がその人の歴史です。社会がどんなに変化しても関係ありません。生活が人生の全てです。生活を守るための手引きがこの本です。

生活を自分で守るための旅に出ましょう。

その第一歩をここでスタートしましょう。

人間とは生物です。

人生の目標はよりよい生存活動を行うことです。

正しい人生とは人間という生物の特徴に適した生活をすることです。正しい生存活動を実践することです。

シンプルです。簡単です。

人間は何故こんな簡単なことがわからないのでしょう。それは人間が人間に対して間違った認識をしているからです。

バスケットボールの選手になりたいのに、毎日相撲部屋に通いますか？　土俵で取っ組み合い、テッポウをうち、ちゃんこ鍋食って、昼寝する人間はいませんよね。

でも、こんなようなことをやっているのが現代人なんです。僕はそう気がついたんです。

僕の話をもう少し話させていただきます。

方舟から降りてから様々な仕事をしました。しかし駄目でした。病が再発してしまうからです。

結局40才から4年間、集中的にカウンセリングを受けました。カウンセリング治療は死闘でした。それはそれは壮絶な闘いでした。命懸けで耐え切り、完治させました。

その後社会復帰に向けてリハビリとアルバイトをしていました。

そこに、コロナが来ました。僕は元々感受性と直感知、暗黙知能力が高いタイプだったので、コロナ禍の社会の動きに凄い影響を受けました。仕事もそんなにかなくて時間もあったので研ぎ澄まされた本能の赴くままに、無我夢中で本を読みあさりました。

何か山籠りしている宗教者みたいな状態になり、異様に脳ミソが回転しました。そしてわかっちゃいました。現代人文明の歪みが、病巣が。

僕は、底辺から日本と世界をじっと観察してきました。誰も底辺にはプレッシャーをかけないので、リラックスして分析できました。そして結論が出ました。社会や世の中の常識に従って生きていったら100%不幸な人生の結末が待っている、と。

そして、人間はもう一度生物としてやり直すしかない。

その手引き書を書いてみよう。

世の中に提示してみよう、と決めました。

歴史上の偉人たちはよくこんなことを言っていました。

迷ったら原点に帰れ、と。

ならば、僕はこう宣言します。

「人間よ、生物に帰れ」と。

今、僕のかつての方舟は大量リストラ敢行中です。財務上の数字だけよくして上場して、外部に売り出して放り投げるのでしょう。

かつてあれほど、明るい未来を見せていた中国とはよくわかんない仲になりました。

超大国アメリカは内戦になるらしいです。さらに、地球の天候異常、オゾン層の破壊、等々です。

人間は人間も地球もぶっ壊すんですかね。まさに人類はバスケット選手になりたいのに相撲部屋に弟子入りしている青年のような感じです。

でも僕達にはどうしようもありません。

だからまずしっかりと生活を守りましょう。そしていつの日か、世界中の人々が人間の原点に目覚めて、人間本来の生き方を世界中の人々が実践する日がくることを待ちましょう。

いつの日か正しい生活法が世界中に広まれば、必ず人間は美しく、正しく、賢くなります。その結果、人間だけでなく地球上の全ての生物が幸福に生存できる、万物共生社会となるのです。

本書の目的は人間が正しい生活を送るための本です。具体的な生活法を学ぶ前にその目標を達成するためにやることがあります。それは我々の脳内にたまっている誤った情報をデトックスすることです。

この考えは僕のカウンセリング経験から来ています。

人間の脳も腸のようなもので、余計なものが宿便として残っていると、新しい食べ物を消化できません。我々の脳内に同化した誤った情報を、異化してその後にフレッシュな身体によい情報を同化しましょう。

第一章はデトックス。

第二章〜第四章は消化になります。

いざ、自己浄化の旅を始めましょう。

原点回帰の道にようこそ。

目次

第二章　生活実践マニュアルの軸

第三章　生活実践マニュアル各論

第四章　健康と成長過程

第一章

脳内デトックスから始めよう

― 革命とは初期設定の変換 ―

1 正しいのか現代文明

A 人間は動物の一種

人間は進化なんかしていない。これが正しい生活の大前提になります。日本語の問題なんです。進歩と進化が、ごちゃ混ぜになっています。混同して、イメージ、認識している人々は多いと思います。僕もそうでした。進歩とは発展、向上することですね。進化とは特化のために、機能を交換することです。専門性を高める為の変化です。

【進歩】 物事がしだいによりよい方や望ましい方へ進んでいくこと。

【進化】 生物が、周囲の条件やそれ自身の内部の発達によって、長い間にしだいに変化し、種や属の段階を超えて新しい生物を生じるなどすること。

現代に置き換えると、相撲取りは相撲に特化した身体に変換します。しかし、引退して総合格闘家になったとします。そうなると、総合格闘家としての技能に見合った身体に変換を意図的にします。

ここで取り引きが行われます。総合格闘家としての身体になり、スタミナがつき、色々な格闘場面に対応できるように俊敏性が増します。筋肉も長期格闘に耐えられるように、持久力の強い筋肉に変わります。彼は総合格闘技に適応できる身体になります。しかし、相撲取りとしての特化は失います。体重が減り、瞬発力を失います。

相撲取りとしては弱くなります。これが進化です。進化とはある環境に適応することです。適応して、その環境下で求められる課題に対して生産性の高い生物になるように特化をすることです。専門性を高めるとも言えます。進化とは特化です。

人間は二足歩行に進化しました。

だから、手が自由になり道具を使用できます。文字や数字が書けて記録ができるようになりました。文明は記録能力の発展とともに巨大化しました。農耕や戦争、その他の活動は、集団の分業による長期間の活動です。ですので、引き継ぎや緻密なコミュニケーションが必要になります。

記録は不可欠です。進化とともに手の自由度が向上していきました。その上に文明が作り上げられました。人間は文明が発展するまで、地球生命体の競争社会のヒエラルキーでは中の上ぐらいのポジションにいたらしいです。今は地球のチャンピオンです。記録と言葉によるコミュニケーション能力が向上していき、集団力が飛躍的に巨大化しました。文明を作り上げ、今の地位にいます。集団力という言葉は人間理解において大切なので気に留めておいてください。反面二足歩行ゆえのマイナスもあります。進化は特化です。何かを得たら何かを失います。

B 肉体という「絶対的」真実

人間は20才を越えるとインナーマッスルが弱くなります。インナーマッスルとは身体の内側を支えている筋肉のことです。内側だからメチャクチャ大事です。

僕が接骨院の先生に聞いた話では、人間は20才を越えると1年で1％インナーマッスルが低下するそうです。自然に。ご老人が背中を丸めて歩いているのはその結果です。四足歩行ならば背中が丸まるリスクはありません。よくスポーツ選手が体幹トレーニングを行います。体幹とはコアのことです。コアは核ですが、肋骨下から下半身までのエリアのことを指します。この辺りは内臓があるのに骨に囲まれていないので、筋肉の負担が多いです。人体の弱点です。

体幹トレーニングは人体の弱点を補佐するトレーニングです。効果は凄まじいです。世界中のアスリートはみんな体幹トレーニングを行っています。みなさんやりましょう。ちなみにインナーマッスルは頑張れば増加して中々なくならないものになるそうです。20才を越えたら老いの準備をしないといけないのが人類種という生物です。

人間はそのように進化しました。

C 人間至上主義という洗脳

論理的で整合性のある話ですね。でも、嫌悪感や違和感を感じませんか？　進化はトレードオフとたまに聞きます。でもその真実が自身の肉体の自然劣化という圧倒的な現実に付着すると変わります。凄い嫌悪感を感じます。その理由は脳内です。我々の脳内にあるデータと合わない話だからです。そのデータの内容は大体こんな内容ですね。

①人間は進化進歩した高等生物である
②先進国は、欧米は天国である
③人間は理性的な存在である。知性があり、他の動物や植物とは違う特別な種である

こんな感じですよね。イメージとしては、キラキラ輝く、理性的な利口な人間が、文明国に住んでいます。煩わしさはない人生が勝利。そのヒエラルキーの頂点にいるのは、経済的成功者、知的な学者、偉い政治家、こんな感じです。

その人間イメージや人間社会イメージが我々の脳内にあります。そのイメージは、インナーマッスルの劣化は20才で始まるという事実を嫌います。イメージと合わないからです。客観的事実と我々の主観がぶつかり合います。

D 人間の知覚が作り出す脳内現実の臨場感

認知科学では人間は現実を実際には見ていない、と言われています。

人間はまず現実を情報として受け入れます。その情報を変換します。そして脳内で再現します。映画と同じ過程が脳内で行われます。

カメラで撮影する＝現実を情報として受け入れる。

編集する＝脳内で変換する。

映画館で上映する＝脳内に情報が再現されて臨場感を感じる。

我々は自分の脳内イメージを現実と実感します。

我々はみんな主観の中で生きています。

変換の個性が、主観であり、信念であり、価値観であり、固定概念であり、常識であり、世界観です。

認知科学は20世紀に発達した学問です。しかし、２０００年近く前に仏教はこの真理を発見してました。唯識思想です。興味がある方は学んでみてください。

現在の我々の脳内イメージを生み出しているのが現代文明に対する教育であり思想です。人間の脳内の現実を置き換えると映画と脚本になります。

脚本は思想、映画はイメージです。脳内に思想が刷り込まれると、脳内にイメージが現れます。我々の脳内には現代文明と現代思想は素晴らしいというデータが外部から書き込まれています。

その脚本が、我々の脳内に人間と社会と世界の映画を作り出しています。そのイメージとインナーマッスルのイメージに齟齬があります。だから嫌悪感を感じます。肉体という客観と我々の主観に齟齬が生まれています。

でも健康的な生活をするには、体幹トレーニングをして身体を守った方がよいに決まっています。ならば、脳内の脚本を書き換えて、自分の人間観、社会観、世界観を変容してインナーマッスルの事実を受け入れやすい脳内にした方がよいです（何故人間観、社会観、世界観と「観る」という漢字が当てられているか理解できます。我々は脳内イメージの住人です。脳内で人間をイメージして、世界をイメージしてそれを観ています）。

2
人間とは何（生物としての特徴）

A 人間の個性とは

僕達が持っている脳内世界観はとりあえず置いておきます。人間の特徴を地球上生存生物という観点から考えてみましょう。

よく言われているように人間の特徴はやはり脳の発達にあります。人間は空を飛べません。水の中で泳ぐこともできません。力はゴリラより弱いです。蛇より生命力がありません。馬より速く走れず、蛙の方がいっぺんに産む子供の数が多いです。相当生物としては弱者ですね。そんな人間が現在地球の生命の中で王者です。その理由はズバリ、脳の発達と高度な集団力にあります。

B 人間の最大の武器は集団力

人間が地球上の王者になった理由はハッキリしています。文明の力を発展させたからです。文明の土台にあるのは集団力です。ライオンと人間が一対一で闘ったら人間は負けます。でも10人で立ち向かえば有利になります。20人なら勝てるでしょう。人間はさらに集団力を使い食糧生産能力を上げました。余剰な生産物が増加すれば分業が可能になります。武器開発専門の人間、作戦作成専門の人間、武術を教える人間などを育成できる余裕ができます。教育により人間の専門的な力の習得が進みます。さらに、伝達の時間的総量の拡大とともに知識と経験が蓄積されます。その結果、武器は強力になり、作戦は緻密になります。1人1人の動きは訓練により洗練されていきます。するとライオンをもっと楽に倒せるようになります。同じ時間、労力でより沢山のライオンを倒せるようになります。ライオンは資源になりますので、より余剰な資源が確保されていきます。その資源がさらに集団力を発達させます。

今の考古学では人類が食糧生産を始めたのは1万年前からだ、と言われています。その後人類初の文明が中東に現れて、四大文明に引き継がれていき、その流れが積み重なって現在の文明になっています。文明とともに人間の下克上は始まりました。つまり、集団力の発達が人間の力と言えるでしょう。

C 文明とはコミュニケーションの集合体

しかし、ここに重要なポイントがあります。人間は何故他の動物より遥かに集団力の発達が長けているのでしょう。答えはコミュニケーションです。人間は言語を使いこなすことにより緻密なコミュニケーションができるようになりました。それにより、人間同士を結集させられるようになったからだ、と言われています。

僕的にはこの説明は正解だと思います。しかし、あくまでも表層しか捉えていません。言葉によるコミュニケーションが人間の結束力の源ならば、何故自国民のアノミーの合間でこんなに諍《いさか》いが起こるのでしょう（※アノミーとは社会の無規範や無秩序を説明する用語。フランスの社会学者エミール・デュルケムが提唱した概念）。

日本だけに限らず、世界でも、歴史上数々の諍いから革命やら戦争やらその他諸々の分裂が起こっています。

コミュニケーションの目的とは共有です。ということは言葉によるコミュニケーションには限界があるのでしょうか。

D コミュニケーションの目的は幻想の共有

答えは言葉によって何を共有しているか？の問題なのです。先ほど脚本と映画に例えましたが実は人間はコミュニケーションによってイメージやビジョンを共有できる生物なのです。言葉によるコミュニケーションの目的はビジョンを共有することです。コミュニケーション不足が諍いの原因であるのは事実です。しかし、実態とは解離した説明です。正確にはコミュニケーションを行ったが、目的であるビジョンの共有が不足したのです。争いの原因はビジョンの共有不足です。

先程の繰り返しになりますが、認知科学によれば人間はみんな脳内に個別の世界を持っています。個別のパソコンを持っています。そのパソコンにはそれぞれの映画が流れています。それぞれに主人公がいます。

映画は世界観であり、主人公は自己イメージです。完成された映画がその人の主観です。人間は眼で見たもの、耳で聞いたこと、手で触ったものを情報として受け取ります。情報は脳内で脚本化されます。編集された映像が追加されます。そして既存の映画に編集された情報は挿入されます。その映画を脳内で見ている状態を我々は生きていると感じているのです。言葉によるコミュニケーションとは、脚本の共有とも言えますね。言葉によるイメージ＝映画の共有が人間の集団力を発達させました。これが人間という生物の最大の特徴です。言語による伝達力を使い、ビジョンの緻密な共有を可能にできることが人間の最大の個性です。

E 集団力の運営には洗脳が不可欠

次にこの人間の特徴と集団力の関係をさらに掘り下げます。人間と人間の間には必ず軋轢が生まれます。その軋轢が常に修正されないと人間の間に諍いの種が残ります。少人数の集団ならば、顔見知りの先輩や友人なんかが仲裁して修正してくれます。そうでない場合は問題です。自分をよく知らない人間に間に入られては納得できませんから、諍いの種は残ってしまいます。実は150人以上の巨大な集団力を束ねることは人間同士の直接的繋がりでは不可能だと言われています。問題に関わる人間の数が多すぎて、諍いを修正できません。そこで人間が集団力を巨大化してまとめるために発明したのが、共同幻想の共有力でした。集団的アイデンティティー洗脳です。集団の構成要員に共通の幻想情報を洗脳します。その幻想により、よく知らない人間にも共感や絆を持たせると諍いは最小限化されます。そして巨大な集団力を束ねて内部の秩序が維持できます。

幻想は、例えば我々北朝鮮民族は選ばれた民族だ、キリスト教は素晴らしい、アーリア人は世界を救う、日本は天皇に選ばれた神の一族だ、イスラム原理主義は正しい、アメリカは世界一の正しい軍事国だ、ＩＴ産業は21世紀の先駆者だ、経済的成功者は勝ち組だ、東大出身者は選ばれしエリートだ、等々。これらは集団力を維持するための洗脳ですね。なんとシンプルな人間。主義、常識、宗教などは集団力の維持に絶大な力を発揮します。

F 才能とリスクは一体

次に全体情報について説明します。人間の個性のダークサイドです。

人間が進化していない、文明が進歩していても人間は変わりません。これが人間の原理原則です。歴史は同じ原理原則の上に成り立っていると仮定すると一つ疑問が生まれますよね。過去の人類と我々の文化には決定的な違いがあります。それは宗教です。

過去の人類はみんな宗教をもっていましたが、現代人はもっていない人も多いですね（例えば、米調査機関が公表している2023年の調査結果では、アメリカ人の28パーセントが「無宗教」だったとあります）。

この違いを理解しましょう。宗教は人間に利益を与えていました。人間のニーズを満たしていました。そのニーズとは全体情報に対する渇望です。全体情報とは我々が把握している世界像という全体に対する情報です。世界像情報です。人間には必ずこれが必要です。

また、全体情報により人間の認知や知覚の質は決まります。文脈が人間の知覚を決めます。映画のラストシーンがどういう意味をもつか、はそれまでのプロセスが決めます。ストーリー、映像の世界観、役者の演技が作り出したプロセスがラストシーンの意味を決めます。人間の知覚は全体情報という文脈が決めます。

人間には必ず全体情報が必要です。

人間は脳が発達して、かつ脳内に映画を作れます。また想像力によって現実にないものを脳内に発生させられます。

人間の脳内映画の材料は情報です。また人間の一番の関心事は自身の生存です。人間は長い歴史の中で地球生物としてヒエラルキーの中くらいに位置していました。この位置にいるものは完全王者ではありません。

生存の第一条件はリスク回避です。リスク回避で一番大事なことはリスクに対して準備することです。人間の認知は客観と主観が繋がっています。脳内にリスクを描く、その客観情報に主観、つまり感情が貼りついて情報になります。リスクに対する主観は不安です。人間の不安感情とはリスクに備えるためにあるのです。人間が一番恐れるのは不確実性と未知です。未知には準備ができないからです。

だから人間は全体情報を求めます。世界像が明確にあり、それに則り物事を把握します。意味を決めます。全ての物事は世界像の範囲で行われます。現実世界では様々なことが起きます。しかし人間の脳内では全て世界像の中で起きることと変換されます。
よって自分で全てのことに意味を、判断を下せます。脳内では全てに対して
の裁判官になれます。だから、安心感を維持できます。

かつての人類には限られた未知しかありませんでした。行動範囲も狭かった
ので未知の範囲は限られていました。かつての世界は、自身の生活範囲です。
自身の脳内で想像して作り出す不安も限られたものでした。
しかし、文明が発達すると人間の行動範囲は拡大します。
一つのグループの構成要員の数も人間の多様性も拡大します。関係性を維持
しなければならない他のグループの数も拡大します。
一人の人間、一つのグループが配慮しなければならない人間、土地、自然の
範囲も拡大します。自身の脳内の世界像が広がります。そして同時に不安配慮
範囲も広がります。すると拡大した不安範囲を包容できる全体情報が求められ
ます。500年前の江戸時代の日本人ならば生存の不安範囲は、広くて国内で

しょう。その場合は、日本の全ての現象を包容してくれる文脈をもつ世界像が必要になります。

人間の脳内に想像から生まれる不安や恐怖を全て包容してくれる情報です。

G 現代の不安は不安の過剰拡大

現代世界は情報で繋がっています。日本では一般人は欧州の戦争、アフリカの虐殺、アジアの貧困、アメリカ大陸の経済格差をリアルタイムで知ることができます。また、経済的、政治的、軍事的に世界中の国は影響し合っていることはもはや常識になりつつあります。つまり一人の人間の脳内の不安範囲は地球上全てです。空間的には北朝鮮が攻めてきたら、プーチンが核戦争を始めたらなどなど生存不安があります。時間範囲も広がり、20年後に自分の仕事はAIに奪われるのではないか。50年後に気候変動により、地球が干上がって、自分の子供達は飢え死にするのではないか、などなど脳内不安があります。

文明の発達の結果情報革命が起きました。今は広い範囲から多くの情報が一人の人間の脳内に入ってきます。脳はその情報を統合して世界を作ります。脳内世界とは自分の生存エリアです。

人間はリスク管理のために不安感情を持ちます。しかし、文明が発達してその結果できた脳内生存エリアが広がると、自分が直接関与できない、コントロールできない生存阻害要因が多量に脳内に生まれます。こうなると脳内は不安定の極み状態になります。

そこで、その不安を安定させたいというニーズを満たす商品が発明されます。それが全体情報です。全体＝世界情報です。世界とはこうだ、と断定する情報です。ハッキリと断定されていて、かつ脳内を統制してくれる情報です。それがあれば人間は安定して生きていけますよね。

かつてはそれを宗教が担っていました。

今世界中にある五大宗教は、

①キリスト教

②ユダヤ教

③イスラム教
④仏教
⑤ヒンドゥー教

です。キリスト教、ユダヤ教はヨーロッパと中東と北アフリカの地域が発生に関わっています。四大文明だと、エジプト文明、メソポタミア文明の範囲です。イスラム教は中東です。シルクロードの影響を受ける場所です。仏教やヒンドゥー教はインドです。インダス文明ですね。

キリスト教、ユダヤ教、イスラム教、ヒンドゥー教、仏教、みんなユーラシア大陸の文明国から発生しました。文明国とは巨大化した集団力国です。支配範囲が広い文明で、脳内世界観も広いです。つまり、一人の脳内不安の範囲もデカイです。だから強烈な全体情報がないと心が安定しません。需要があったから供給ができます。

人間は全体情報を共有しました。そして、集団力を拡大しました。その結果地球上の王者になりました。

現代社会において、宗教に対する否定的な見方が強まっているのは事実です。宗教には多様な形態や信仰があり、個々人にとっての意味や価値は様々ですが、宗教を一種の洗脳と捉え、無知で理性が弱く、知識のない、未熟な人々が行うものであると考える人もいるようです。

人間の普遍的な個性。それは集団力、共同幻想の共有、緻密なコミュニケーション、脳内臨場感です。

3 現代の3つの神

A 産業革命後の神は集団力

既存の宗教が流行らなくなったのは、人々の不安を解消できる力がないと判断されたからです。特に先進国では顕著です。機械化の進んだ先進国は、現代社会の上位グループです。ということは現代世界の最先端です。最先端を支配している全体情報が、いずれは世界の全てを包含する全体情報になります。全体情報は共有されて、共同幻想になります。みなが脳内に持つイメージであり、世界像です。

では、現代文明の共同幻想はなんでしょう。現代の共同幻想、神はズバリ三人います。それは、

①国家
②経済
③科学

です。この3つが神です。全体情報です。

五大宗教から、人類社会の全体情報のポジションチェンジが始まった時期は時間的に幅があります。

また地域や国によってタイムラグも大きいでしょう。しかし、大きな転換期

はハッキリしています。

それは産業革命です。

産業革命とは道具の進化に爆発点が来て稼ぎ方に大きな変化が起きたという意味です。

世界においての産業革命は18世紀後半にイギリスで起こりました。それまで人間の手で仕立てていた綿製品などが機械仕立てになり、人々の生活が劇的に変わりました。

例えると、アンパンを店で一個一個手作りで作っていたのが産業革命前。

道具が発達して機械化されて、製パン会社の製造工場でアンパンが大量生産されるようになったのが産業革命後です。

手作りのパン屋と違い工場で大量の人々が働きます。

材料も沢山あります。

一回に動くお金も大金になります。

金、時間、人間の量が増えた分、緻密な計画、緻密なコミュニケーション、緻密な組織運営が必要になります。

全て言語や数値化の力が求められます。

産業の変革に対応できるように、学校での教育が強化されました。

ちなみに、我々の受ける教育の内容や期間は社会の上級者に都合のいいように計画されます。極端に言えば、権力者が使いやすい奴隷を作り上げる意図が常にあります。よりよい部品にするために常に方向づけられます。いつの時代もそうです。家庭などで、親のエゴでやりたくもない習い事や勉強をさせられる子供がいますね。僕も色々とやらされました。あと時に親は子供の気持ちや現実を見ていません。

親が見ているのは、結果だけです。株に投資するように、勝手に時間と金を投資します。強制的に。そして、子供は投資リターンを求められます。親の欲望に届かない投資リターンだと親は怒ります。

もしくは勝手に子供に失望します。他者性の低い親なんてゴロゴロいます。

それを国家や経済レベルで行っているのが世の中の教育の殆どです。

話を戻すと、大量生産が可能性なのは、小麦粉を海外から輸入して、小豆を国内で買い付けて、完成品のアンパンに自分達の利益分の値段を加算して国内や海外に大量に売るからです。

自分が所属する集団の交流範囲が拡大することに連動して、世界像は広がり多様になりました。

また、道具の発達により生活スタイルは変わりました。スピードが速くなり、多様な状況が生まれやすくなりました。その結果人々の世界像は拡大して、多様になり、同時に不確実性や未知の範囲も増幅していきました。産業革命が生まれる2000年前や1000年前に生まれた宗教の世界観では人々の不安に対応がしきれなくなります。

人々の全体情報に対する需要に応える商品が必要になりました。

B 3つの神は集団力を土台とした幻想

そこで、代わりに台頭したのが、国家、経済、科学を宗教とする世界観でした。

全体情報の役割は人々の脳内状態を安定させることです。

安心感を与えることです。

「経済が安定すれば大丈夫」という考え方は資本主義教ですね。

「国家が安定すれば大丈夫」は社会主義、共産主義ですね。

科学は知識です。

科学教だけ解説が必要です。

知識は道具化されて物理世界に影響を及ぼして初めて力を証明します。

アインシュタインは光の研究をして相対性理論を発見しました。

それが道具化されて原爆と原発になります。その力を信仰するのが科学教です。

つまり、科学は道具教です。

これらが人々の全体情報になりました。セレブだ、勝ち組だ、タワマンの住人だ、などで騒ぐのは経済教信者です。

国民栄誉賞だ、紫綬褒章だ、官僚は偉いだ、大臣の椅子が欲しいだ、大体地位や名誉を欲しがる人々は国家教信者です。

国際的な賞をありがたく感じる人々は科学教で、道具教ですね。

しかもこの3つの神には共通点があります。

3つの神の根源は記録と集団力です。

経済の特徴は貨幣です。貨幣記録です。

貨幣の起源については色々な説があります。有力なのは時間差を埋めるために生まれた記録です。よく無知な人は経済の原点は物々交換だと言います。浅はかです。

例えを出します。僕が漁師だとします。魚がとれるのは夏です。でも毎日魚しか食べていなかったら身体に不調をきたします。

野菜や米も食べたほうがバランスがとれます。だから農家と取り引きをしたいです。

でも農作物が実るのは秋です。昔に冷蔵技術はありません。

だから取り引きをする時には、まず春に僕は農家に魚を渡します。そして渡した魚の種類と量を共有の岩に記録します。

秋が来たら、農家の人がその記録にそった作物を僕に提供してくれます。

これならば取り引きできます。ですから貨幣とは記録なんです。物々交換がその場でできるならば貨幣は必要ありません。

「経済の原点が物々交換だ」と言う方の盲点は、時間の観点とサービスの観点が抜けています。物々交換でなくても取り引きはあります。

親が仕事や何か違う用事で、子供の面倒を見れない時には、代わりに近所の人が面倒を見ていたとします。親はお礼に食べ物を近所の方に差し出します。

こんな感じのことが、僕の子供の頃にはありました。

この場合、いつもは親がやっている子供の面倒を見るという行為を一定時間代替してもらいます。その報酬に食べ物という物を差し出しています。

行為を一定時間代替してもらい交換として物を出す。

こんなことは人類は遥か古来やっていたでしょう。

この時に必要なのは記録です。

近い関係性で、報酬を差し出すまでの時間が短ければ、記録は必要ありません。お互いの記憶で済んでしまいます。

記憶は脳内データ。

記録はデータを物理化したものです。道具化とも言えます。

科学の土台は統計です。統計はデータです。

根っ子は同じですね。脳内です。

取り引きの範囲が広がるとこの交換の合間にある記録＝データを持ち運んで利用できるようにしたいです。

記録を移動用に道具化したのが、コインや銅貨などです。

時代が進みます。紙を大量生産できて、バッグなどの入れ物が進歩すれば、より軽い紙幣に変換されます。インターネット革命が起きて、当然電子マネーになります。貨幣はただの記録なんですから当然です。

経済＝記録と集団力です。分業があるから経済が成り立つわけですから、やはり集団力が土台にありますね。もしそれでも経済の基盤は物々交換というのならちょっと聞いてみたいですね。

僕が家でカレーライスを食べているとします。妹が隣でやはりカレーを食べています。妹は肉が苦手で、僕はジャガイモが苦手だとします。僕と妹がその場で肉とジャガイモをとりかえっこします。それが経済の基礎だ、というのならばなんかおかしいですよね。

それは共有物の交換ですよね。家庭のカレーという共有物の中で行われる交換です。やはり、貨幣が間に入るくらい、交換の合間に、時間的、空間的に両者の間に解離がある条件下での交換行為を経済の基盤と呼んだ方が、僕的にはスッキリします。貨幣＝記録＝文字、数字、記号という人間ならではの緻密なコミュニケーションの道具が使用されている行為を経済と僕的には定義します。

国家は集団力です。説明はいりません。科学も記録です。科学はある分野における法則性や真理を数学や文字で表現します。数字や文字で表現されているので、広範囲で共有されて知識になります。数字や文字は記録のためにあります。

集団が文字を共有することにより共通のイメージを脳内に持ち、集団力を結束して一致団結した文明を保ち、集団力を維持している。

やっていることは四大文明の時代から変わりませんよね。かつては集団力の共通ビジョンが、我々は神の国の住人でした。この神が現代の3つの神に変換されました。

グローバル企業の社員、天皇の国の国民、科学先進国の国民、さらに、タワマンの住人、大企業の幹部、財務省の役人なる情報が世の中に流れて我々が心を動かされるのは、それらを目指す人々が絶えないのは、それらによってできるヒエラルキーに一喜一憂するのは、我々が3つの宗教の信者だからです。現代人は集団力と記録の信者なんですね。

国家、経済、科学は全て集団力があって可能な力です。

集団力を作っているのは人間です。

つまり僕達の宗教とは根本的には人間至上主義と言えます。
人間至上主義だから、地球上の他の生物は下に位置付けられます。
動物、植物など。
環境破壊を生み出しているのは間違いなく人間至上主義の思想です。

C 3つの主義の違いは、運営スタイルの違い

ついでに言いますと、よくわからないのが共産主義、社会主義、資本主義の違いですよね。実は凄い簡単なんです。3つとも実態は記録と集団力です。集団力の維持で必ず問題になるのが再分配の問題です。僕達の多くは働くことによって築いた富を一回一カ所に集めます。それから計画にそってみんなに還元します。その時に誰がどれだけの量の記録＝貨幣＝他の物やサービスをもらえるのかが問題になります。その分配のシステムの違いです。「社会主義」では、沢山稼いだ人間から沢山税金をとり、その分をあまり稼いでいない人間に回すシステムです。基準は国家です。国家が運営する平等社会を目指すのが、社会

主義です。

「共産主義」は国家のない社会を目指しています。全ての富をみんなに平等に分配します。集団の運営は話し合いです。

「資本主義」では、市場が勝手に上手く還元してくれる、という基準です。市場はみんなでやるものなので間接的民意が基準です。

要はこの3つは全て平等を目指しています。違うのは、分け前を決める時の決め方の違いです。

なんかちょっと、冷戦とか、共産主義革命などが凄く下らないことにこだわった活動に一瞬見えてしまうのは僕だけでしょうか。

ザックリと流れを見れば、かつては王様や貴族が我々から搾取をしていた。彼らを打倒して新しいシステムで平等社会を作る、という主義です。

共産主義は現実世界にはありません。共産主義は実現不可能だったと言えます。

社会主義社会では国家の支配者が民から搾取しています。

資本主義社会では金持ちが民から搾取しています。

つまり同じことがおきています。

D 人間は変わっていない

現代人は、記録と集団力に全体情報を委ねています。つまり本質的には太古と変わっていません。

進化とは変換することです。変換した生物には、それ専用の生存戦略が必要です。

でも我々は四大文明の時の人々と同じ生存戦略を使用しています。道具が発達しただけです。

結論はこうなります。

我々は進化なんかしていません。発達した道具と道具を使用している社会環境に無理やり合わせているだけなんですね。ようは道具の使い方が上手くなっただけなんですね。

だから昔と同じことが人間社会で行われます。
昔との違いは、道具が発達した分破壊力が増したことです。

E 進化の条件

人間が進化していない根拠はこうです。
僕が調べた中では進化の条件は、
①人間の進化の過程は何万年単位
②進化は種族生存のために外界に適応するための身体を含む総合変換
③人間はグループで生存するため個人のみの進化はあり得ない。秩序破壊者としてグループに抹殺される、となります。
これを人類史に当てはめると、
①文明は一万年前には存在していない
②道具が発達したら進化する必要はない
となります。間違いなく人間は進化していません。

4 わかりづらい現代用語「グローバリズム」

A グローバリズムって何？

今までの文脈を踏まえて現代の最高神を分析してみます。グローバリズムって何かあやふやです。情報と人と商品が繋がり民主化されて平和で平等な世界が来る、こんなイメージです。でもなんか違和感がありま す。グローバリズムを叩いている人間の言っていることもわかりづらいです。グローバリズムの軸がわかりづらいですよね。

B ポランニーに聞いてみよう

実は戦前、戦後に活躍した社会学者のカール・ポランニー（1886～

１９６４）がこの問題についてもの凄く簡単に説明しています。ポランニーはこう言いました。人間は集団の中でしか生きていけない。物質的にも、精神的にも集団に依存しないと生存が保てない、と。ポランニーは人間を集団に埋め込まれた存在だと表現しています。

重い言葉です。人間としてのプライドが傷つけられたような気分になります。僕達の脳内にあるイメージと解離があるからです。ところで大体動物は群れで生存します。よくあいつらは群れているなんて、誰かの悪口を言います。しかし人間は間違いなく動物の一種です。ですので、人間も動物も群れることで生存を可能にしています。人間の自尊心や充実感や達成感も他人との関係性の中で発生するものですから、精神的にも物理的にも人間の生存は集団に埋め込まれています。人間至上主義の思想を脇にどければすんなりと納得できます。

次にポランニーは、社会＝群れの枠の中に人間の文明、文化は存在している、と。端的に言えば、人間の生存は群れで行われる。ですので、文明、文化は群れ＝社会を構成する一つの要素にしか過ぎないと言っています。

集団力を構成しているのは人間です。

その集団を外敵から守るのは軍隊、内側の犯罪者から守るのは警察、円滑に集団を運営するのが政治、分業を効率的に行うのが経済、その集団に必要なスタイルを伝達するのが教育、その集団の生存スタイルを蓄積、修正、伝達するのが文化、これらは全ては人間の生存を有利にするために存在します。

目的は集団力の維持と発展と継承です。

これが人間社会である、とポランニーは言っています。

C 産業革命後の人間社会の大変化

しかし、人間社会は古来こうだったのに、産業革命以後人間社会に変容が起きた。社会から経済が脱出して、天に昇ったとポランニーは言いました。

ポランニー曰く経済の役割は集団の分業を円滑にすることなのに、何故か経済は神の位置に上ったと社会の上部から人々に伝達され始めた。人々は徐々に、経済的発展が進めばこの世は天国になると信じるようになった。

そして神の位置に行った経済は人々に裁きを下すようになった、と。

人々の現実生活を左右する経済の神の名は自己調節市場という神だ、と。

D 資本主義は貨幣主義

資本主義とは投資主義です。貨幣の力は変換力です。貨幣は物やサービスに変換できるから価値があります。貨幣の特徴は時間と空間を乗り越えられる事です。

僕が画期的なプログラミングアイデアをもっているパソコン開発者だとします。


そのアイデアを商品化して、流通ルートにのせれば世界中で売れます。

年間2000億の利益が出るアイデアです。

でも資金がありません。誰も僕の相手もしてくれません。

ところが、僕の彼女のお兄さんが銀行員で、お兄さんが僕に有力な投資家を紹介してくれました。

僕は5000万円の投資を受けました。

そして、7年後に僕の会社は世界中に名が知れた会社になり利益を年間2000億出すようになりました。

投資家は株をもっていたので、年間20億の利益を株主配当で得ることになりました。

僕も年収5億円の金持ちCEOになりました。


この例で、貨幣を資産に変えると、貨幣の量が増えます。貨幣の量＝変換力です。

つまり資産とは貨幣をより多くする変換力の機能をもつものです。

貨幣は記録ですので、食べ物や車や土地のように物理的に具体的に力をもっていません。

物理的ではなく、情報的な存在です。

記録ですから脳内で力を持ちます。

脳内存在なので、保持、保存期間に制限がありません。その特徴を生かして、貨幣をより増やせそうな人間に預けるのが投資です。

溶けたり、壊れたり、劣化しないので長期保存に耐えられます。

貨幣を見込みのある人間に預けて=長期保存して、貨幣を増やす。

これが資本=貨幣。主義です。

貨幣はいずれ物やサービスに変換されます。

物やサービスは物理的存在です。

つまり資本主義とは、貨幣という脳内情報存在を上手に使用して、より多くの物理的存在獲得することを奨励する価値観、です。

当然。

豊かになるのは投資できる人間と、投資を受けられる人間のみ、です。

E 自己調節市場という神

自己調節市場とは資本主義の神です。

ザックリ言うと資本主義とはみんなが勝手にビジネスをすべし、競争すべし、そして全ての商品、サービスは市場に上げるべし。市場は神の代わりに無秩序に生産された商品とサービスを整理整頓して、世界中の人間が幸福に平等に生きていけるように再分配する。その結果世界中みんなが平等に生きていける天国になるという機能を市場がする、という考え方です。

資本主義とは経済教です。

市場が全てを自己調節してくれる、という宗教です。

ポランニーはハッキリとは言っていないと思います。しかし、ザックリと本質をつくと資本主義とは自己調節市場を最高神とした経済教なのですね。だから民主主義と相性がいいようにイメージされます。市場にはみんな参加できますから、まるで民意が市場を作っているかのように思えるからです。

無論穴だらけの宗教です。

市場には金を大量に持っているものがより強く長く影響を及ぼせます。

また、市場は流動的なものですから、タイミングも大事です。つまり情報を速く正確に掴んでいる人間に有利ですよね。

情報の源はコネクションです。

だから金と人脈が豊富な人間が市場に大きな影響を及ぼせます。

話を戻すと、グローバリズムとは、

A　資本主義とは違うスタイルで運営されている世界中の異なる集団をぶっ壊して

B　一応民主主義化して、万民が市場に関われる体制に世界中を変えて

C　世界中の経済を市場の自己調節にまかせれば

D　世界は平和になり、豊かになるという思想です。

E　無論世界中が繋がり、世界の市場が繋がったら

F　世界中の経済は金持ちと権力者に完全にコントロールされます。

Ｇそして未来は大企業が事実上世界を支配して
Ｈ株主が地球上全てから搾取できる平和世界を
Ｉ作る運動です。

グローバリズムとはグローバル搾取を目指す運動です。

F グローバリズムとは金による世界支配。国家や国境を壊せば、集団力を無力化できる

経済は貨幣の動きで決まります。

統一貨幣で、その貨幣が世界中を素早く駆けめぐると世界支配はしやすいです。また、世界の経済を繋ぐにはコミュニケーションが円滑であることが大事です。インターネット、情報化社会、民主化、電子マネー、英語の世界言語化が進むほど、世界はグローバルに繋がり、一部の権力者が世界を支配するには便利な環境＝社会＝世界になります。ポランニーの知恵を借りれば全ては明白です。

気のせいかもしれませんが、グローバリズムとリベラリズム（日本語では自由主義と記されることが多い）が広がると社会のまとまりが弱体化していっている気がします。集団が弱体化している、って感じます。

G 個人主義、リベラリストとは巨大クレーマー。結局集団力を破壊している

ポランニーより昔の社会学者でエミール・デュルケム（1858〜1917）というフランス人がいます。前述したように彼がアノミーという言葉を本に書いていました。ザックリ言うと、社会のまとまりが弱体化して、社会と集団と個人の人格との統合力が弱くなり、無秩序や破綻状態になることを指していまず。人間をまとめる精神的なビジョン＝共同幻想が弱くなると、個人も集団もまとまりがなくなって狂っていくということです。自由、自由と叫び、活躍して、社会の伝統や歴史という人間の精神的な繋がりをぶっ壊して、かつ新しい形に再生や再統合する活躍やビジョン提示をしない人間、集団は今もいます。

芸能人、政治家、経済人、学者、知的分野の人間、彼らはずっと社会をアノミー状態にし続けてきたのでしょう。車で言うと車の電気配線をバンバン切断していっていいるだけの寄生虫みたいなものですね。彼らにとっては自由な社会は人間のよりよい生存のための入れ物ではありません。彼らの満たされない人生、それを作り上げた社会への復讐の結果が自由な社会なのです。

彼らは自分の人生への不全感を全て社会という外的要因に向けてしまいます。自分の人生のために自分を見つめることはしません。

何故ならば、自分を変えることはナルシストである彼らには何事にも増して苦痛な作業だからです。彼らからも離れましょう。

グローバルでも、リベラルでも、保守でも、なんでもいいのですが、社会や世界を変えたいと宣言している人々にお願いがあります。

計画書を提出してほしいです。

①社会の現状
②問題点

③問題点の掘り下げ
④改善点
⑤改善計画
⑥運営方法
⑦改善後の社会のビジョン
⑧改善後の運営の計画
⑨修正システムの提示

くらいは掲げてほしいです。

彼らはそもそも社会の現状の認識すらまともにできているかどうかすら僕には疑問です。彼らはきっとクレーマーなんですね。普通のクレーマーよりナルシストだからカッコつけたくて、コンビニやファーストフード店ではなく社会全体にクレームをつけているんでしょう。プライドの異常に高いクレーマーが彼らの正体なんでしょう。

ある有名な学者がこう言っていました。

夢には二つある、それは妄想と目標だ、と。

違いは現状と夢の間に架け橋があるか、否か、だと。

架け橋は計画です。

計画なき社会改革を行う人間はみんな妄想家です。

彼らからは黙って離れましょう。

5

文化の違いは進化の違い

欧米最高信者とクールジャパン信者は同種の人間です。脳内で物事を相対化変換できない人々です。彼らは文化が共同体の生存スタイルの蓄積であることを知りません。彼らの脳内認識では、文化と人間の現実生活が解離しています。

文化が彼らにはファンタジー世界の存在です。

そんな人々の意見や分析は聞かないことです。

アイドルオタクのアイドル賛美よりも、無駄な意見です。避けましょう。

A 文化、民族の優劣の基準は？

彼らを利用して現代社会思想をデトックスします。

何も根拠はないのに、欧米の方が優れているというような表現があります。「英語がカッコいい」とか「日本人には個がない」とか言う人々の意見です。逆に「日本は素晴らしい」と異常にテンションをあげる人々もいます。歌舞伎とか、ワビサビとか、落語とか、味噌とか、ラーメンとかを異常に持ち上げる人々もいます。

B 相対化してみたら

これらの人々の病理は、物事を脳内で変換する機能があまり搭載されていません。

例えば英語と日本語は特徴が逆です。

アメリカに留学していたカウンセラーの先生曰く、アメリカの言語文化は直接的、低文脈、言語的で、日本の言語文化は間接的、高文脈、非言語的だと。ポランニーに従えば、社会は集団の生存の器で、言語はその一部です。となるとその社会の特徴に合わせて言語は機能するように構造化されます。

ザックリと分けます。

アメリカは多民族で、歴史が浅い国で文化が蓄積されていません。だから、ハッキリとわかりやすいコミュニケーションじゃないと効果がありませんよね。逆に日本は縄文時代には基礎ができていたと言われている国です。何千年と積み重なった民族です。大体洗練された文化、分野は効率化が図られます。日本の言語文化はすでに様々な共通認識が浸透したもの同士が楽に深い感情レベルまで共有できるように作用するように作られた言語文化ですよね。

つまり、環境が真逆なんです。

真逆の環境に適応した文化です。

また海外の多くは紛争死史観です。

紛争の危機が人間にとって最悪であるという文脈の文化です。

それに比べて日本は、災害死史観です。

災害が人間の最大の脅威です。

海外の人々が自己主張が得意な理由がわかります。

日本人が、ハッキリ自己主張をしないのは災害という人間の力を超えた力に一致団結して立ち向かうための準備をおこたらないためです。

自然災害という脅威の前には仲違いしている余裕などない、という文脈です。

交渉力も同じです。必要なし。地震が人間の泣き言を聞いてくれないからです。

日本と海外では生存を脅かす最大の敵の種類が違うのです。だから、ディフェンススタイルが違います。それが文化の違いや民族性の違いを生み出しています。

C 文化の目的は共同体の生存スタイルの継承

それなのに両者を無駄に比べて、優劣をつけているのは無知なんです。相対化とは相違点を明確化して、位置を決めて、両方を受容することです。そうすれば、両方を理解して理性と知性により両方を使いこなせるようになります。

無知な人々は、そもそも相違点をハッキリさせる努力をしません。彼らにあるのは自分の我欲的な感情だけです。この視点で見ると日本人には「個人がない」なる意見も相当怪しいです。ただ、社会の求めるスタイルが逆なだけです。敵が人間ならば個人を発揮することは有効な生存スタイルです。敵が地震ならば逆になります。

アメリカの自己主張文化は、アメリカという社会に適したスタイルです。日本のなあなあ忖度文化は日本という社会に適したスタイルです。

日本は島国で、山が多い国です。隣国には中国や朝鮮という巨大文明国もあります。古来同じです。島国ということは、他国を侵略できません。人的社会的な資源を奪って、支配して運用することができません。

また山が多いということは大量な余剰食糧を生産することのできる土地がない、ということです。この環境に適した生存は、限りある天然資源を、限りがある人間で、地道に守り抜いて生き延びることになります。

社会内部で、アメリカ人のように自己主張する文化で社会を運営したら人間社会内部が壊れてしまいます。

しかも負けた人間の逃げ場所はありません。そりゃ、なあなあ忖度文化で、文明を運営する社会になります。

その戦略が正しかったから日本人は生き延びたわけで、その延長線上に我々は生存しています。

アメリカの文化を取り入れるならば、まず日本を知り、両方の文化を相対化して、その後、アメリカの文化を日本仕様に変換してミックスするのが正道です。これからは、偉そうに、日本を批判、欧米を批判する輩がいたら相対化をキーワードにこれらを分析しましょうね。無知な人々に惑わされないように気をつけましょう。

D 日本文化の特徴

日本人の進化の結果生み出された共同幻想は相互援助型文化です。文化の定義はその集団が構成員に伝達する知識と経験のことです。その組織の集団活動を行う人間として身につけてもらうべきものです。「文化」と言うとわかりにくいですが、ようは生存活動に必要な教育ってことです。人間を生物として捉えないと人間と社会に対する認識が我々の生活から一気に解離します。

教育ですから、勿論求めている形式、スタイルがあります。こういう形になってもらいたいというイメージがあります。日本文化の求める形は、相互援助型人間です。日本の生存活動イメージ＝共同幻想、がそのスタイルを決めています。

では、欧米型を見てみましょう。ようは完成品をみれば、そのスタイルをみれば欧米文化の軸がわかります。ハッキリ主張する、個人のスタンスを明確にする、直接的に表現する。つまり、相互独立型の文化です。

E 欧米文化の特徴

欧米の起源はやはりヨーロッパでしょう。ヨーロッパは、地中海を挟んで北アフリカがあります。また、シルクロードに隣接していますので、中東やアジアとの交流も深いですよね。色んな文化、人種が交流する地域です。また、四大文明に隣接した地域ですから、

文明の変化スピードも速いです。

人やものの交流速度が速く量が多い地域です。相対化すると、日本は田舎、欧米は都会の特徴が強い地域です。田舎は相互援助型、都会は相互独立型、スッキリします。僕は生まれも育ちも東京です。もう50年東京です。東京も50年で、人が増えました。東京都の人口は２０２４年６月１日現在で１４１７万２７５

人です（総務局2024年5月29日報道発表資料）。

テクノロジーも発展しました。人生のスピードも上がりました。それに対応して人間はよそよそしく、冷たくなりました。当然です。こんな環境では自分の境界線をハッキリさせて、余計なエネルギーやリスクを抑えないと生きていけません。東京の人々は、日本人のまま欧米型社会に適応している変わった人種なんでしょう。

我々は相互援助型に対応して進化しました。それなのに相互独立型の人間になるべし、と圧迫されています。でも本家の欧米でも、助け合いの精神は肯定されていて、なんなら平和賞とかもらっていますよね。キング牧師、ガンジー、その他。

教育＝文化、の最終的な目的は人格の向上です。みんなが人格者になれば　戦争やら、環境破壊やら、経済格差やらの問題も穏やかなものになります。

F グローバリズムが必要としているのは日本文化

世界を一つにとグローバリスト達は言っていました。

なら初めから、日本文化を世界中に広めればいいんです。相互援助型の共同幻想ですから、みんなが助け合いの人間になります。

また、日本が明確に国家になったのは「白村江（はくすきのえ）の戦い」に破れて、日本の支配者が自己保身のために、朝鮮や中国からの外圧に対抗する必要性に迫られたことがキッカケです。その時に日本は国教に仏教を取り入れました。

仏教は、完璧な平等思想で、人間、動物、植物、岩、川、山、空、空気、虫、微生物など地球上の全ての生命と同一の存在として捉えています。ゆえに日本の文化の根底には本来圧倒的な平等思想があります。

地球的な課題とやらが、どうやら現代の地球にはあります。

日本文化に世界中の人間が染まれば、解決できそうな予感が僕にはあります。

地球資源と共存するライフスタイルはやはり都会ではなく、田舎生活のライフスタイルになるでしょう。

G 文化の特徴は人間の発達時期の選択

全くよくできたもので、欧米文化を若者文化、日本の文化を中高年文化と高名な心理学者河合隼雄氏は言っています。

確かに若い時は都会が好きですが、35才くらいから田舎に心がひかれやすくなります。ある脳科学者曰く、脳は年齢により得意な機能が変化すると。ザックリ言うと0才～28才はインプット（入力）が得意です。28才～56才はカスタマイズ（変換）が得意です。56才以降はアウトプット（直観による出力）が得意になります。

日本文化は忍耐と事前処理文化と忖度文化です。忍耐とは意志力による欲望抑制力です。

事前処理とは計画力です。忖度は洞察力です。脳科学では人間の理性を司る前頭前野の発達は25才~30才で完成します。そして完成した前頭前野をフル活用できるようになるのはそれ以降です。まさにカスタマイズ機能。意志力、計画力=準備力、洞察力、つまり前頭前野力ですね。日本人が英会話が苦手なのも当然です。会話は修正力が必要な事後処理機能を使います。まず行い、修正しながら進める分野です。

反面日本人はペーパーテストが得意です。事前に準備して、本番ではあまりアクシデントが起きない分野ですね。

アメリカとの対比で、凄く自国の個性がわかります。アメリカは、事後処理、前進力、直接的自己主張の文化です。若々しい青年の文化です。

H 文化、民族性の違いは共同体が求める人材のピーク年齢の違い

どうです? 相対化すると、日本人の劣等感がいかにバカげて、根拠のないものだとわかります。アメリカ文化の想定するピークは30才までだとわかりますよ。僕はアメリカ文化に染まるのは嫌です。僕は田舎志向でいきます。

日本の文化の土台には、仏教があり、仏教は全ての生物、生命を平等に捉えています。仏教の説く理想世界は万物共生世界です。万物共生世界を築くには万物に対する理解力が必要です。万物に対する知識や洞察力が必要です。やはり日本文化が世界には必要です。

アメリカは青年文化、日本は中年文化です。

また56才以降は直観力が発達します。

直観は判断、決断です。

目の前の現実、学んだ知識、経験した現実を瞬時に繋いで判断、決断する機能が直観です。

学んだ知識や経験は潜在意識の中にあります。

意識と無意識を繋ぎ、情報を循環させて統合して現実に対する理解をして判断する能力が直観です。その力は58才以降にもっとも発揮されます。映画に出てくる老年の達人は直観力の持ち主を表現しています。

6 まとめ「ではどうする？」

A 真理から生活へ

ここから実践的な話をします。

万物共生世界をいきなり目指すことはできません。人にはそれぞれに生活があります。また全体情報がいくら間違っていたとしてもいきなり自分の脳内は変換できません。物理的にも、精神的にも、金銭的にも、時間的にも、人間関係的にも、人の生活、人生、生存は制限をかけられています。

そこで、まず個人の生活を少しずつ変換していきます。生物としてなるべく正しい生活をしましょう。小さなところから変換していきましょう。僕もまだまだ、未熟な段階です。

ともに生活変換を継続的にやりましょう。

その中で精神の変換も起こるでしょう。僕はカウンセリングを長期間受けて心の病を治しました。その経験から人間は今までとは異なる課題に適応しようとしている中で精神の変換が起きることを知りました。環境、人間関係、健康などの人生の課題に適応しようとしていると、人間は身体ごとの変革、構造化を図ります。

相撲の力士が、引退してちゃんこ料理屋の板前になることを求められるとします。求められる技能が変わります。それに適応していると身体が変わります。痩せて、長期間運動に耐えられるように身体が構造的な変化をします。身体のバランスが変化することに対応して、神経の伝達回路も変わります。脳内世界もバランスを変化させます。その変化の途中に創造性が発揮されます。創造性とは気がつくこと、発見することです。創造性を重ねていき、脳内世界に変化が起きます。人間は肉体と精神が統合されている存在ですので、一緒に変化します。

生活を小さくても継続的変化させていけば脳内世界も変わるでしょう。そうやって、生活という物理空間の変革実践と自身の脳内という情報空間を変えていきましょう。より生物として正しい生き方ができるようになりましょう。つまり生活変容を通して、精神変容もしていきましょう。

この生活法がやがて世界に広がり、人々が継続的に生活向上の実践をすれば、人々の精神が変容されていきます。その人々は世界をよりよい方向に導く人間になるでしょう。生活革命から地球革命を目指しましょう。足元から万物共生世界を作り上げましょう。

B 偉大な先人

僕の生活法の軸になっているのは、メンタルクリニックでの治療体験と、甲田式健康法だと思います。今は亡き、甲田先生の本に出会ったことが僕の視野を大きく変えました。甲田先生は、正しい生活法が世界に広まれば世界の食糧問題を解決できると話していました。

そしてこの先には世界平和が確立される、と言っていました。

その時の甲田先生の、精神の高揚に僕は心を打たれました。世界平和に対する大ロマンを本気で夢見ている人間の偉大なる無邪気さに感動しました。それが僕の眼を大きく開きました。

個人の生活革命が、やがて世界平和革命に繋がる可能性を確信しました。

偉大なる無邪気さとともに地道に世界を変えていこう、とその時に決めました。

人間の正しい生活の集合体が、地球上に広がり、人間は本来の使命に目覚めます。

地球上の生物の調節役として人間は地球上に生まれたのでしょう。

人間の理性、文明力、緻密なコミュニケーション、イメージ共有力は地球環境、地球生物の調節、管理、運営を行うために授けられたのだと僕は思います。

人間の使命は地球を万物共生社会にすることなんです。

世界中の人間が正しい生活法に目覚め、正しい思考になり、自己の本来の役割に気がつく。
この先には地球の恒久的平和が待っています。
万年かけてもこの道を進むのが人類の使命です。
いざ進みましょう。

第 二 章

生活実践マニュアルの軸

1 素人は戦略戦術を語り、玄人はロジスティクスを語る

A 意志力を知らずして、できるわけない自己管理

この言葉は軍事の格言です。第二次世界大戦時に連合国軍の有名な司令官が語った格言です。これは普遍的な原理原則だと思います。ロジスティクスとは兵站《へいたん》という意味です。食糧やお金、兵隊、武器などの現場の背後にある後方支援のことです。背後の力とも言えます。

これをビジネスに置き換えると資金ですね。

では生活に置き換えるとどうなるでしょう。

普通ならばお金となりそうです。

でも、その前にもっと根源的なロジスティクスがあります。

時間？　確かに時間もそうですが、一番のロジスティクスはエネルギーです。
個人が1日にできる活動はお金や時間の前にエネルギーの量に制限されます。
「なんだ体力かぁ」と思われますか？
実は体力ではありません。体力よりもっと早く消費されてしまうものがあります。
これが消費されたら、活動は難しくなります。
それは意志力です。
意志力とは脳のブレーキ機能エネルギーのことです。
人間の行動はまず決断から始まります。
ダラダラしたいけど、会社に行く。
ラーメンを食べたいけど、ダイエットのために野菜スープにする。
ムカつくけど、生活のためにバカな客のクレームを引き受ける。
不倫したいけど家庭の安定のために、我慢する。
など人間の全ての活動は他の誘惑を捨てることを選択して、一つの活動を行うことを決断することから必ず始まります。

B 意志、忍耐、根性、理性とはブレーキ

この他の行為を選びたいという感情を抑制して違う選択をするために必要な力が意志力です。

他の欲望を実行したい気持ちにブレーキをかけることです。

気持ちとはエネルギーです。

欲望というエネルギーを意志力というエネルギーで抑制します。

そして自分の行うべきことを選び、エネルギーを投入して実行します。

中々高度なことを人間は日々行っています。

人間の脳の構造上、意志力は前頭前野の領域の活動になります。

前頭前野の役目は理性や知性です。

根性、忍耐、ガッツ、頑張る、意志などが発揮されている姿は、理性や知性がしっかりと働いている状態です。

意志力は有限です。
意志力を消耗すると活動できなくなります。
人間の活動は全て精神と肉体の統合された活動です。
ですのでそのため精神活動により肉体も消耗します。
また、精神活動と肉体の機能は繋がっています。
人間は、お腹が空いていないのに、食べてしまうことがあります。
大体糖質を食べます。
「3時のおやつ」なんて習慣は今でもあるんですかね？
あれは、意志力の消耗に対する身体のサインに対応したものです。

C 脳内ブレーキが利かなくなると、身体は糖質を欲する

意志力が枯渇すると、肉体は糖質を求めます。必要以上にカロリーをとっている人は、恐らく日々キャパシティー以上の意志力を使っているのでしょう。

ある心理学者が意志力の消耗がある状態を自我消耗と名づけました。自我と

いうのは人間が他者との関係上作り上げる自己キャラクター、自己イメージです。

演劇で言う役柄みたいなものです。

自我消耗が一定以上進むと、「もう役を演じるほどのエネルギーが残っていないよぉ」と身体からサインが出ます。

それで糖質を無意識レベルで欲しがるんです。

また、僕が大企業などの社員や幹部にアメリカ式の自己管理術をコーチをしている方に聞いた話です。

人間の意志力は16時になると自動的に下がるようにできている、とアドバイスをされました。

人間は地球環境に適応した身体、脳内構造になっています。

地球の環境は太陽との関係性に圧倒的に影響を受けています。

16時になると人間の意志力が下がるように構造化されているのも納得できます。

人間の視覚能力は夜働く用にはできていません。

人間の活動は朝や昼間中心であり、夕方以降は無駄なことはしないように進化しているんです。

D 自己啓発、自己管理、生活改善が失敗するのは意志力のマネージメントが欠落しているから

この意志力の特徴を知らないで、時間管理術、健康法、仕事の生産性アップ術、コミュニケーションノウハウ、勉強法、資産形成マニュアル、子育て論、などなどの人生計画マニュアルを学んでも必ず破綻します。継続が困難だからです。

継続困難なことを意志の力で無理やり頑張るとただ、自我消耗が加速していきます。

デブになっていきます。

無駄な挫折、無駄な出費、無駄な活動、無駄な時間、無駄な食費を積み重ね

ます。

かつデブになっていく肉体が待っています。

その肉体を支えるために身体は消耗していずれは早々と病気や障害持ちになります。

「病気を治すために、また無駄な」とウルトラマイナススパイラルがずーーーっと継続されます。

またそういう状態を金持ちは望んでいます。

僕達が無駄に頑張って、無駄に挫折すれば、その不幸を解消してくれる商品やサービスの需要が生まれます。

資本主義の世の中では、人々が効率的に幸福になると余剰な商品が売れずに利益が出ません。

儲けたい人々には不都合です。

だから、本当に有益な情報、知識はあまり世の中の主流にはならないようにコントロールされているのでしょう。

意志力の運用が生活の、人生の幸不幸を決めます。
僕達は生活の玄人を目指しましょう。

2
生活の運用には、意志力、ＧＴＤ、ＮＰＭの三位一体が必須

Ａ 意志力はブレーキ。ＧＴＤはハンドル、ＮＰＭはナビ

僕達は進化していません。
しかし、社会は勝手に発達しています。
ですので、我々にはこの齟齬を埋めてくれる知恵が必要です。
それがＧＴＤとＮＰＭです。
この二つはアメリカの自己管理術の大家であるデビッド・アレン（１９４５

〜）氏により開発されました。
GTDはGETTING THINGS DONEの略です。
完遂、「仕事を成し遂げる」という意味です。
アレン氏の解説によれば、
①人間の脳は課題を分けられない。会社の課題も家庭の課題も、趣味の課題も脳内では同じ価値の課題として保持されている
②人間は全てを覚えている
③脳は記憶や課題を保持している能力が実は低い、脳が得意なのは変換である
④完遂されていない課題、計画化されていない課題、明確化されていない課題＝本人は忘れたつもりの完遂していない課題は、全て未処理の課題として脳内に残っている
⑤これらは便秘のようなもの。脳は便秘状態の腸のような状態になる
⑥当然生産性は下がり、精神も不調になる
⑦まずは脳内情報デトックスをする

⑧そして継続的に脳内デトックスをするべし

というものです。

ＧＴＤは日常をコントロールするハンドルのような作用をします。

ＧＴＤの思想を僕なりに要約すると、人間にとって生きることの全ては仕事だ、ということになります。

僕達の脳はそう解釈しています。

B 計画は夢と現状の架け橋。計画なき夢はただの妄想

ＮＰＭは、ナチュラル・プランニング・モデルの略で、脳の機能を参考にした計画作成のやり方です。

長期間活動や未経験分野の活動に対して、計画を立てることにより脳の安定化を図ります。

人間は不確実性や未知に恐怖を感じます。

僕達が世界の王者になるまでの長い人類史の中、人間は地球生態系内でヘボ

キャラでした。

食物連鎖の中くらいです。

そんなポジションの生物種には未知や不確実性は他の生物の食い物にされる恐怖と共存した状態です。

進化していない僕達は現在でも不確実性や未知に不安や恐怖を感じます。

だから計画が心の安定に繋がります。

計画ができると目標までの過程が脳内で既知のものになります。

だから安定します。

僕達の身体と脳の構造は原始時代と変わらないのに、環境は我々に親和性のない発展をしています。

生活をしっかり運用するには、しっかりとした戦略が必須です。

我々のロジスティクスを守るために、意志力、自我消耗、ＧＴＤ、ＮＰＭの名前は覚えましょう。

活用しましょう。

3 意志力の実例

A 成功しなかったダイエットゆえに

実は僕がこれらの自己管理術に目覚めたのは２０２３年の秋でした。

僕には悩みがありました。

ダイエットが上手くいきませんでした。

僕はコロナの影響と、研究に没頭した反動で太ってしまいました。

しかも起業準備中で忙しくストレスを管理しきれませんでした。

ダイエットのやり方は知っている、成功した経験もある、しかしつい余計に甘いものや、麺類を食べてしまっていました。

別にお腹が減っていたわけでもないのに。

自己管理、計画のノウハウを探していたところGTDに出会いました。

さらにGTDセミナーのコーチから意志力に関する本を勧められて読みました。

とても感銘を受けて、自分の血肉にするために連続で三回読み、意志力の概念を自分の生活に取り入れました。

勿論、初めには抵抗感がありました。

意志力に限界があると受け入れて活動するには、活動の量を減らすこと、計画的かつ効率的に行うこと、何より頑張りすぎないことを受け入れることが必須でした。

B 変わることは難しい。特に中年以降は

昭和世代で、かつ剣道部出身の僕には中々受け入れがたい価値観でした。

今の世代の方には抵抗はないのかもしれません。

しかし、我々昭和世代は根性、忍耐、真っ白になるまで頑張ることが人生の

指針だ、と骨髄まで染み込まされています。

しかも、スーパー根性&精神論の世界である剣道部出身の僕です。

以前、長嶋一茂さんがこんなコメントをしていました。

新しいトレーニングとか、考え方とか、価値観を受け入れることには年をとるとどうしても抵抗感が出てくる。

それは自分が培った下積みを否定されるような気持ちになるからなんだ、と。

とてもよくわかります。

僕にも凄い抵抗感がありました。

僕には二つの道がありました。

今までのやり方を貫き通してデブになり、無理やり仕事も頑張り、最後は病気だらけの老人になり痛みと悔恨にまみれながら死ぬ道。もう一つは、苦しいが過去の自分を卒業して、仕事も健康もエンジョイした後半戦の人生を送る道。

客観的に考えたら後者です。

でも人間はそう単純にはいかないのです。

難しい選択でした。

C もっと嫌なことを回避したくて

しかし、経験が僕を助けてくれました。

僕はメンタルやその他の病気で、何度も入院や自宅療養をした経験がありま
す。

病ゆえに何度も積み重ねた夢を放棄させられました。

また、病院や障がい者施設で僕より遥かに重い病気で苦しむ沢山の人々が身
近にいて接してきました。

よくテレビや映画や小説で、病気に負けない人々や、病気から人生を変えた
人々の物語が伝えられます。

確かにそういう人々はいるでしょう。

ある意味僕もその中の一人です。

しかしよく考えたらあくまでそういう人々は本当にごく少数です。少数で希少価値があるから、人々に感動を与えるわけです。

そういう人々が、日常にゴロゴロいたら商品にはならないわけです。よって病人は大体、本人も家族も地獄になります。本人は苦しいし、人生奪われます。家族には、金銭的、肉体的負担がのしかかります。しかもメチャクチャ頑張って病気を克服しても、金や社会的な評価を得られるわけではありません。ただ巨大なマイナスを、0にしただけです。

この人生の真理を僕は経験で知っていました。ゆえに昭和の価値を変え意志力の運営に乗り出すことができました。

D 変え始めた習慣

意志力は有限ですから、活動には制限が必要です。

まず日曜日に一週間の計画を立てました。

かつ、完遂したい課題は3つまでと決めました。

それ以外の課題は失敗しても受け入れると初期設定を定めました。

次に自分が気になることを全てスマホのノートに箇条書きで言語化しました。

これにより脳のデトックスを行います。

実行では、16時以降には家の外での活動を控えました。

意志力の使用の観点からは、他人の眼を気にしながら行動することによる負担は多いと思いました。

ですので家内でできる、家事、書類整理、読書、電話、筋トレ、分析、思索などは16時以降に計画しました。

近所で買い物などは帰宅途中か、家での作業の後などに行いました。

この生活を続けて、2カ月で6kgのダイエットに成功しました。

甘い物はあまり食べず、その他の糖質も概ね普通の量で満足できました。自我消耗の消費が緩やかになった分仕事の生産性も上がりました。

余裕ができたので、スポーツボクシングジムにも通い始めてより筋肉もつき始めました。

E 習い事にも意志力マネージメント

ボクシングのトレーニングにも意志力の原理原則を取り入れました。1日の練習は30分~40分と短時間で、一回の負荷を下げて、その分継続性を大事にしました。

週2回から始めて週4回まで今は練習をしています。

始めて3カ月ぐらいでトレーナーから「凄くいい」と誉められました。

考えて見たら道理で、ボクシングはスピードも大事ですが動作も精度はもっと大事です。

人間は疲れてくると、動作の精度は下がります。

その状態で練習すると変な癖のついた動作が身についてしまいます。一度変な癖がつくと中々治りません。

ですから、継続性を大事にして、一回の練習負荷を下げれば、精度の高いトレーニングを頻度高めで行うことにより質のよい刺激を身体と脳に送り続けることができます。

心身が質の高い刺激によって、ボクシング用に身体が構造化されました。

その結果、トレーナーから短期間でメチャクチャ上手くなっている、と誉められるだけの自分になることができました。

昭和剣道部時代の価値観の僕だったら、きっと1日2時間の練習を週5日続けていたと思います。

そして、たいして上手くならず、悩んでいます。

やり方が悪いのか、頑張りが足りないのか、集中力が足りないのか。

そして、腹も減っていないのに何故か何かを食べています。

結局成功か失敗かは、ロジスティクスの運用が全てです。

第三章

生活実践マニュアル各論

1 金とは何か

A 貨幣の正体を知り金銭恐怖から脱却しよう

次に金銭の分野について考えてみましょう。

行きます。

ザックリと金の問題です。

金は生活の体力みたいなものです。

昔で言えば食糧みたいな作用をするものです。

あればあるほど、楽に生きることができます。

なければないほど不自由になります。

具体的には資本主義では、金がないと生活スタイル、職業選択が限定されます。

圧倒的に。

そのメカニズムを説明します。

これがわかると現代社会という環境の実態がわかります。

金は食糧みたいな価値があります。

これはなんとなくわかりやすいですね。

でも正確には違います。

B 貨幣とはデータ

金は実はデータなのです。

金は債権と債務の記録です。

人間社会では古来、取り引きが行われました。

しかし物々交換ではありません。

農業従事者と漁業従事者が取り引きをします。

農業従事者は春に漁業従事者から魚をもらいます。

そして、秋にお米を返します。

二人の取り引きには時間のズレがあります。

二人は同じ村に属しています。

村には村が管理している記録用の岩があります。

春、そこに記録がなされます。

農業従事者は漁業従事者から魚を20匹もらったと記録されます。

この記録の意味は農業従事者は漁業従事者に魚20匹分の借りがあるという債務の記録です。

漁業従事者には債権の記録になります。

時代とともに、これらの取り引きの規模が拡大していきます。

村から、町、地方、国、世界と取り引きの範囲が拡大すると関わる人間、商品、時間のズレが、多様に緻密になります。

それに対応して記録の保存の仕方が、貝殻、銅銭、紙幣、電子マネーと変化しました。

金とは記録です。
経済番組とかで、為替や株を語る時に国や企業の信用のことが語られます。
金や株はただの記録です。
その記録は物やサービスに変換されるから価値があるわけです。
価値とは利益と置き換えるとわかりやすいです。
記録の価値は変換力です。
変換力の評価は国や企業の力です。
力が信用されて初めて、その記録の価値が決まります。
金とは債務と債権の記録である、まずこれを頭に刷り込みましょう。

2 現代日本経済のプチクロニクル

金は記録ですが、この記録は物やサービスに変換されます。普通に考えれば記録にも種類があり、ただ数値しか情報として記載されていない記録に価値はありません。

国家の機密や、芸能人の不祥事が記載されている記録ならば物やサービスに変換されてもおかしくないからです。

何故ならば、人事にその記録は影響があるからです。国の機密ならば、政治家、官僚、などの人事に影響が出ます。人事は組織の決定権に影響があります。芸能人のスキャンダルも同様です。

だから、ライバルから見たなら価値があります。その記録に値段がついてもおかしくはないです。

しかし、金＝貨幣はただの数字です。単体だけでは何かと変換する価値がありません。

何かの価値を測る時に必要なのは、その単体の機能は何か？　機能がどのような作用を生み出すのか？　作用は何をどのように変換する力なのか？　を見ます。

金の単体の機能は数字が書いてある紙です。しかし、作用は物やサービスに変換できます。

ここで、機能と作用に乖離があります。しかし、金には国の保証があります。金の変換力を保証してくれます。

金の背後には国があり、我々は国を信じているので金を信じられます。つまり、金を信じるとは、国への信仰を土台にしているんです。つまり資本主義とは、国への信仰なのです。みなさんのまわりに、金こそ人生の全てだ、と言う人がいたら、その人は国を信仰しているんだ、国教の信者なんだなぁ、と思って間違いはありません。

機能、作用、対象、変換、の観点は物事の本質を見抜くために使用できます。是非とも使いましょう。

A 戦後日本経済3つの区分

次に少し横道にそれます。

ザックリと戦後の日本経済の流れを解説します。

戦後の日本経済は3つの時期を過ごしています。

①インフラを建築する戦後復興期
②完成したインフラの上に展開された消費経済期
③豊かになったがゆえに、グローバル勢力に目をつけられてしまった搾取対象期

の3段階に分かれます。

①は戦後1945年~1970年くらいでしょう。②は1970年~1990年くらいです。③は1990年~現在です。この流れを枠とします。経済の歴史です。

歴史がわかると今への理解度は爆発的に上がります。

理解するとメンタルが安定しますのでスムーズに自己の経済問題に取り組めるようになります。

また歴史は文脈です。

文脈を深く理解して、文脈が変換されれば、連動して知覚を変換します。新しい眼で物事を捉えられるようになります。

E 終戦じゃなくて、敗戦。日本の決定権はアメリカが保持することに決まっている

日本は戦争（第二次世界大戦、1939~1945）に負けました。この当たり前のことが実は何故か日本人の脳内には欠落しています。戦争に負けたの

で日本は戦勝国の奴隷国になり、本来はかつての東南アジアレベルの貧困国になるはずでした。

しかし、環境が日本に味方をしました。

当時アメリカやヨーロッパ西側の資本主義グループとソ連、中国、ヨーロッパ東側の共産グループとは敵対関係でした。

世界を二分していました。

そしてアジアにもその影響は出ていました。

アジアも二分されていました。

日本は、資本主義陣営にとって中国やソ連やアジアの共産主義国に圧力を加えるのに絶好な位置に存在していました。

よって、利用価値があるので資本主義陣営から日本に投資が行われました。

目的はアメリカ軍の後方基地にするためにです。

投資は、ガリオアエロア資金と言われています。

日本が潰れかけた中小企業で、西側という大企業&銀行から資金提供が行われたと考えたらわかりやすいです。

また日本がなんでアメリカの言いなりなのかの理由もわかりやすいです。

C 憲法9条は冷戦前の戦略

ついでに憲法9条にもふれておきます。冷戦が始まる前に、世界の上層国はケンカ別れしていませんでした。

第二次世界大戦勝利国はアメリカ、イギリス、ソ連＝ロシア、中国、フランスでした。

世界のビック5です。

当初ビッグ5は、仲間でした。

ビッグ5で国連軍を作り世界の警察になろうと考えました。

ビッグ5で世界の秩序維持をすれば、彼らは永久に世界のビッグ5の地位を維持できます。

その体制の下で日本は憲法9条を作り上げました。

武器放棄、戦争放棄、平和憲法です。

そりゃそうです。

国内にはアメリカ軍、近くに中国とソ連。ビッグ５の３つに囲まれています。

軍隊はいりません。

しかし、その後ビッグ５は仲違いをして冷戦が始まりました。

日本はいきなりビッグ５の板挟み状態になりました。

で、流れ上アメリカの後方基地になる運命になりました。

そのために安保を受け入れました。

この流れをみて、未だに平和憲法に執着する人々が日本に多数いることは奇妙です。

彼らには日本が戦争に負けた国であることは眼中にないのでしょう。

よく戦前の軍隊はおかしくなっていた。戦車や爆撃機などに特攻隊や竹槍で対抗しようとした。狂った精神主義だ、と言う方々がいます。

現在彼らは平和のために、軍隊を保持する海外の国の前で、日本は丸腰でいろ、彼らを説得しろと言っています。戦争に負けた国なのに。戦前の日本軍より彼らの方がおかしいです。丸腰で、武器のある国に対峙しろ、と。かつアメリカ軍は出ていけ、と。

きっと彼らは超能力で世界を動かせる力があるんでしょう。

D 高度成長期前

話をガリオアエロア資金に戻します。

日本はまずその資金を使ってインフラを構築しました。

その後アジアでは資本主義グループと共産主義グループの戦争が行われましたが、それを利用して日本はよりお金持ちになっていきます。

戦争は集団行為です。

集団行為の継続的活動には絶対に大量の資金が必要になります。

アジアでは朝鮮戦争とベトナム戦争が行われたのですが、その資金はアメリカの税金です。

日本はその際戦車や武器を作り、朝鮮戦争やベトナム戦争を補助しました。

アメリカから運ぶより、日本から運んだ方が輸送費用は安くつきます。

日本人の給料は安いのでコスパがよかったのです。

食糧品などの補給も行います。

サービス業で補助できます。

アメリカ兵が日本に滞在すれば、飲食店、ホテル、タクシーなどの業界が潤います。

そして、戦争という国家の大運動に投入されたアメリカの税金が日本に流れてきました。

日本の某世界的自動車企業はもろに戦争のお陰で発展した企業です。

こんな感じが戦後から1960年くらいまで続きました。

E 一番儲かるのは至近距離ビジネス

次に日本にたまった金を運用して儲ける時代が、1997年くらいまで続きました。

日本はその後輸出産業などで、海外からお金を奪取してきて豊かになりました。

そうすると、豊かな日本人相手に、日本人が商売をするようになります。

それが内需経済と言われているものです。

海外から奪取した余剰なお金を、国内企業がいただき、それが給与として一般国民に流れます。

その給料を国内の企業が狙い始めました。

さらに時の政府の政策により国内の資金、需要、生産能力を好循環させることに成功しました。

それらのお金の一部は税金として国が徴収します。その税金は、ガリオアエロア資金の返却に当てられて、１９９０年にガリオアエロア資金は完済されました。

また実はバブル崩壊が日本経済停滞の理由というのは嘘です。

日本はオイルショックまでGDPが急激に伸びました。また、オイルショック後、バブル崩壊後もGDPは着実に伸びていました。

日本は奇跡の経済復興を遂げました。

この流れをキチンと引き継げば、軍事的にも独立して、世界のビッグ5と同等の国になれました。

これが1970年~1997年の流れです。

※ガリオア基金（Government and Relief in Occupied Areas Fund）は、第二次世界大戦中からマーシャル・プラン実施までの時期に、アメリカが占領地（西ドイツ、オーストリア、イタリア、日本）と南朝鮮に行った援助のための基金。この援助では、占領地の統治と救済のために、飢餓、疾病および不安を防止するのに必要な消費物資が供給された。エロア基金（Economic Rehabilitation in Occupied Areas Fund）は、冷戦を背景に、アメリカの援助政策が資本主義諸国の経済復興と強化を目指すようになったのに伴い、1948年から日本と南朝鮮に実施された援助のための基金。日本に対しては機械、原料などが供給された（小学館『日本大百科全書（ニッポニカ）』より抜粋）。

F グローバリズム洗脳と大搾取の始まり

1991年ソ連は解体、中国が資本主義に舵を切り冷戦は終わりました。と、同時に日本の軍事的な利用価値はなくなりました。

しかし、日本は違う形で、西側に奉仕する役割を与えられました。1990年に日本は、借金がなくて、インフラが整い、資金が沢山あり、自然資源という資産が沢山ある国という状態でした。

西側の要求は簡単です。財と資源をよこせ、ということでした。酷い話です。

しかし僕達は戦争に負けた国の国民です。

彼らの搾取の考え方はこうです。戦争になっちゃうと財は破壊されてしまうので意味はありません。盗むしかありません。

彼らはシンプルです。スポーツと同じように、まず自分達の都合のいいようにルールを変えます。そして、フェアな勝負と宣伝しながら、得意分野と大量な資金力で大量搾取に来ます。そして、責任はこちらになすりつけます。

ルールを法律と置き換えるとシンプルです。実行するのは日本の政治家と官僚です。宣伝はマスコミがやります。責任をなすりつけるのは、知識人がやります。

1990年からやたら、グローバリズムが叫ばれました。グローバリズムとは大企業最高教という意味です。1990年に僕は高校に入学しました。その年から、約30年間グローバリズムが叫ばれましたが、得したのは西側の金持ち、日本の金持ちと権力者、その手下の大企業の幹部だけです。

G 上級国民は貴族。かつ、アメリカの手先

日本が30年以上不況なのは、間違いなく日本人のせいではありません。

日本が不況に入るまでにこういう仕込みがなされました。

①プラザ合意という欧米の金融ヤクザに無理やり合意させられた約束により日本の輸出産業が苦しくなる

輸入輸出は為替に左右されます。為替とは金の価値のことです。金の価値は

変換力です。例を出します。

アメリカ産のホットドッグがアメリカで1ドルで売られています。日本円が1ドル200円であれば、1000円で5個買えます。時給1000円でスタバでバイトすれば5個買えます。日本円が1ドル100円になれば、1000円で10個買えます。30分の時給で5個のホットドッグを買って、残り500円でジュースとデザートをコンビニで買えます。

このように金の交換力を基準にすると、円は1ドル200円から100円に移行すると、円高になります。円の変換力を基準にしていますので。背後にあるサービスやものに着目するとハッキリします。

プラザ合意で、為替をいじられました。円高は日本の輸出が困ります、ドル安になりアメリカ人の交換力が下がります。彼らは日本より交換力を行使できる、より貧しい国から商品を買うからです。
②国内資金が不動産、金融に流れてバブルが発生するが、旧大蔵省が不動産分野に対する資金投入に制限をかける。それによりバブル崩壊

③欧米の圧力により、ＢＩＳ規制が日本の銀行に適用される。銀行の資金引き上げ、貸し渋りにより中小企業は追い込まれていく

詳しく説明します。貨幣は記録ですので、実は自由に作り出せます。これを信用創造と言います。信用＝貨幣の作用、ですので。貨幣の量は作り出せます。

かつては、貨幣価値＝信用を守るために制限がありました。金１グラムにつき、いくら、と発行額を制限されていました。その国の金の保有量に以上に貨幣を発行することはできませんでした。

が、１９７０年代アメリカのニクソン大統領が、アメリカは金の保有量とは関係なく貨幣を発行すると宣言しました。そして、貨幣をなんの保証もなく大量発行しました。そして商品として世界中に売りました。世界の国々はドルを買いました。

何故ならば、当時も今も石油は、世界中のエネルギー源なのですが、大石油輸出国のサウジアラビアが、うちはドルじゃないと石油は売らないと宣言していたからです。この国の石油開発には、アメリカの財団が背後にいることは世

界中の周知の事実です。

また、世界中の国は自国の安全のために、武装をしています。アメリカは世界1の武器開発、輸出国です。最新の兵器を買うにはドルが必要です。エネルギーと武器がなければ、自国の安全は維持できません。だから、みんなドルを買います。ドルの商品化です。

要約しますと、その流れで日本も貨幣を作り出してきました。当時、日本の銀行の貨幣をつくる権利は1000倍~1万倍です。銀行が1000億貸したかったら、手元に1億あればできました。もしかしたら、10000万あれば、1000億貸し出しができていたかもしれません。

記録をつくる権利がありました。日銀が許可していました。貨幣が紙になるのは確か100分の1以下です。あとはただの記録です。国が許可をした記録が、貨幣です。

それが、外圧により、1000倍から8倍に下げるようにさせられました。銀行は資金を回収して、金を貸さなくなりました。企業は資金を調達できなくなり、倒産。不況になっていきました。

つまり、日本は外圧に経済を潰されたんです。

④消費税の導入と法人税の引き下げにより、対応できない中小企業が苦しみ始める

⑤不況の原因が何故か日本の政府や経済の構造の責任にすり替えられる。構造改革というかつてイタリア共産党が使用し始めた革命用語が日本を席巻する

⑥構造改革実行により、

1　外資が日本の株を買いやすくなり

2　派遣法の改正により労働者の保護がなくなり

3　郵便、鉄道、医療、保険など国の非常事態には緊急活動する分野が民営化されていった。つまり、国の非常事態には金のない人々は見殺しにしてもよ

い体制に移行する

⑦やたら自己責任という言葉が流れた。グローバルという言葉も普及した。そして共同体と国民の繋がりが崩壊していき、よりギスギスした国になった

人間の才能は集団力です。一般国民の集団力を破壊されました。内部破壊者も無論この流れに加担しています。グローバリストはリベラリストでもあります。彼らは日本の伝統や共同体や言語文化を改善するのではなく破壊していきます。

多様性、ジェンダーフリー、女性の社会進出、グローバル人材、無論結構に決まっています。破壊と改善の違いは、空間と時間で決まります。要は、何年でどのくらい日本を変えたいか?です。全体を維持しながら、部分変化を繰り返してゆくのが改善の王道です。長い時間をかけて、一定の範囲（空間）をよりよくしていくのが、全ての原理原則です。

しかし、破壊者は、急激なスピードで、全体を変えるように迫ってきます。彼

らの活動の結果は、全体の弱体化です。

そして、外資のグローバリストが弱った国や企業を乗っ取りにきます。セットです。内部、スパイと外圧はセットです。恐らく明治維新の前から相当数の内部破壊者は日本人の中にいるでしょう。作家、学者、教育者、経済人、芸能人、なんかがそういう人々がよくいる溜まり場でしょう。気をつけましょう。

この流れが30年です。

日本経済を不況に追い込んだのは、欧米の金融ヤクザ、旧大蔵省、その背後にいる経済団体、政治家、マスコミ、知識人です。

彼らの狙いは、経済政策のコントロールで中小企業を淘汰、日本の経済大企業の寡占状態にする。法的にコントロールして一般人を経済奴隷にする。株主の権利と配当金を増加させる。インフラと内需の整った日本国を経済奴隷搾取国にすることです。

日本の上級国民は僕達と同じ民族ではありません。彼らは貴族だから、僕達を家畜として見ています。これが戦後日本経済の歴史です。文脈です。これが日本です。

3 必要な経済生存戦略は、起業と投資のみ

そのためには金銭に対する恐怖心を克服する必要があります。

となると簡単ですね。一般人にとって、国や会社があてにならないのは100%です。

起業と投資以外に自分を守る手段はありません。

要は自分一人の生産力では必要な金を稼ぐことはできない時代、ということです。

起業の金銭的な作用は、自分の代わりに他人を働かせて利益を得ることです。

飲食店を開業して、アルバイトを雇い時給を1000円出します。

アルバイトが時給2000円分の仕事をしてくれれば1000円の利益が手に入ります。

アルバイトを10人雇い、一人が1カ月20時間働いてくれれば、20万円の利益が入ります。

自分は働かずに。

投資の作用は、資本で資産を買って、資産に働かせることです。

投資の例では、マンションを買って、他人に貸して、家賃収入でマンションのローンを完済して、余った分を自分の利益にすることです。

これ以外に、僕達が生き残る道はないでしょう。

でも怖いです。

事業や投資に失敗したらどうしよう、と。

でも事業や起業に失敗して失うのは金銭なんです。

金銭は記録なんです。

そうわかったら頑張れませんか？

資本主義とは、資本つまり、記録主義ってことです。

記録を使って資産を買い、資産を上手に運用して利益を得ることを推奨しています。

簡単に言うと安く買って高く売るべし、主義です。

人を安く雇い働かせよ、土地を安く買って転がせ、金は記録だから、空間的、時間的なズレを超越して移動できる。

その力を利用して、世界中を安く買い、高く売れば、利益は莫大なり。

世界中を買え。そして、資産に変換せよ、そして利益を得る教えなんです。

グローバリズムは「世界中を買え教」を推進しました。

結果世界の富はその勝者に異常に集中しました。

最悪な宗教です。

でも、我々の生きている現実環境はそういう環境なんです。

生き残るには、利用するしかありません。

金銭の正体を知り、金銭を利用して、自分と家族と仲間を守るしかありません。

4 人間関係の知恵

(1) 全てに法則がある

A 人間関係も心でなくマニュアルで効率化

人間関係に行きます。

人間が集団力の生物である以上人間関係の技能は必ず生存条件になります。

ポイントは４つです。

①人間関係の基礎は、自尊心の配慮。メラビアンの法則、アフォーメーション

②苦手な人間に対する対処は３パターンのみ

③世の中は実力主義ではない。権力を握る人々の法則
④男女は完全に違う生物、認知パターンの違いを、受容するしかないの４つです。

B 基礎は自尊心

人間関係の根幹は自尊心の尊重です。

我々は至極シンプルな生物です。

我々の目的はよりよい生存です。

他者から自尊心を肯定されない関係性から我々が受け取るメッセージは「お前は俺の奴隷か家畜だ」ということです。

奴隷や家畜は使用者の欲望の実現のために存在しています。自分の道具です。道具に自尊心への配慮は必要ありません。だから、自尊心が配慮されないコミュニケーションを与えられたら人は不快になります。その関係性の中では自己の生存が不利になるからです。

このようなコミュニケーションの積み重ねが、諍いの原因になります。それは避けましょう。

実践的なテクニックとしては、まず「メラビアンの法則」を使いましょう。

人間の認知はコミュニケーションの中で言語情報の影響を約10%、非言語情報の影響を約90%受けます。

海外の映画を字幕で見て、ちゃんと役者からメッセージを受け取れるのはメラビアンの法則から見れば理由がわかります。

※「メラビアンの法則」とはアメリカの心理学者、アルバート・メラビアンによって提唱された概念。

言葉がわからなくても、洋楽からメッセージを受け取れるのも同じ理由です。

またアフォーメーションのテクニックも使いましょう。何か、相手にとって不利益なことを伝える時に使います。

例えば仕事の依頼を断る時に、この順番でメッセージを組み立てます。
①今回は私に仕事を依頼してくださってありがとうございます。
②しかし、今回はスケジュールの都合上、どうしても貴社の依頼を受けることができません。
③誠に申し訳ありません。では次回の御社のプロジェクトに我々が参加できることを願っています。

のような形です。

自尊心に対する配慮に気を配った方がコミュニケーションが円滑になる場合が多いです。

相手の自尊心に配慮した形に重きを置き、内容を構成します。

コミュニケーションは、演技です。

セリフと演技のコツを身につけるのが、人間関係の基礎になります。ポイントは自尊心の肯定です。

相手の自尊心に配慮したコミュニケーション技術を使い、敵を作らない人間関係構築術を身につけましょう。

（2）苦手な人間の対処法は3つだけ

A 映画のストーリーは客のニーズを満たしている

人間関係の悩みの最大のテーマは苦手な相手との関係性をどうやって構築するか、です。大体同じグループ内に苦手な人がいるパターンですよね。対処法は3つだけです。

一番スカッとするのは、相手をやっつけるか、説得してよい人間に変えるか、グループから追い出すかです。

映画やドラマにあるストーリーです。映画やドラマで人気のあるストーリーパターンということは現実には殆どないストーリーということです。

日常にゴロゴロあるストーリーならばわざわざ映画やドラマにはなりません

から。

殆どファンタジーです。

B 普遍的パターン

普遍的パターンは妥協と棲み分けです。

このパターンは何とか相手との妥協的関係性を作り、ある種の棲み分けをすることです。

もっとも現実的なパターンです。

メラビアンとアフォーメーションを使いましょう。

それが不可能な場合は、自分がそのグループから出ていき、違うグループに所属する。

これもとても現実的です。

無理して苦手な人と付き合って、心の病にでもなったら大変です。駄目な時はさっさと次を探しましょう。

自分が今の現状でできることはこの3つのどれか？　吟味して上手に手を打ちましょう。

5 出世についての考察

A 人間は間違いなく論理的ではない

会社、学校、地域、あらゆるグループには必ずヒエラルキーがあります。ヒエラルキーの上部には権力があります。権力とは決定権を持っていることです。あらゆるグループには、法律、慣習などの決まり事があります。その決まり事を変換したり修正できて、かつ決まり事の実行に関して配分、配置、計画、観察、評価を決める力が権力です。

権力の獲得は、知能、技能、実績などの具体的な力では決まりません。必ず人気で決まります。

B アイドルの人生が人間の真理を表している

何故ならば、グループの構成員にとって一番大事なことは自分のグループでの地位、報酬、未来などが自分にとって有利か、利益があるかどうかだからです。

人間は生存のためにグループに所属するのですから当然です。

ということは権力者が自分にとって利益を与えてくれる人と判断されれば権力者を支持します。

当然です。

だから権力は、決定者は人気で必ず決まります。

この世の中人間関係が自尊心で決まる、人気で決まる。何故ならば誰もが奴隷扱いはされたくない、だって生存に不利だから、という人間社会の真理を受け入れましょう。

グッと人間関係が楽に受け止められます。
人間は全員アイドルなのです。
アイドルを見習いましょう。
人間は人気が全てです。

6 最後は男女の問題

A 異性間のコミュニケーションは、異文化コミュニケーション

最後は異性間のコミュニケーションです。
これは実はもっとも大変です。答えをさきに言うと男女は完璧に違う動物です。
まず構造が違いますよ。

性器の形、機能が違います。

生物は目的に向けて構造化されます。

構造化により行える機能が決まります。

生物は肉体と精神が統合されて成り立っています。

ゆえに肉体的個性と精神的個性と脳の認知の個性はその生物の役割を効率的に行えるように統合された構造化がなされます。

B 女性のスペック

女性は、子供が産めます。

また子供を集団の内側で育てます。

集団の中で円満に生きていくこと、まだ言語が話せない子供の感情や思考を洞察すること、まだ未発達な子供の危機を反射的に防ぐことが、生物としての課題であり、その課題をこなせるように構造化されています。

女性は心の世界をメインに会話や認知をします。

円満にことをおさめるのが得意です。

本能と感情で、物事の情報処理をするので、子供や日常の事故の小さなサインを読み取り瞬時に事故を未然に防ぎます。

巣の中を安全に運用できるように構造化されています。

自分の身の回りの空間、人間、時間の個性や状態を緻密に分析して、瞬時に危機回避できる才能の個性です。

C 男性のスペック

一方男性はやはり、巣の外側で獲物を獲得できるように構造化されています。

客観的、見かけを重視するのは、他種の生物を攻略するために構造化されたからです。

円満やコミュニケーションではなく、獲物や外敵を殺すには、客観的な情報処理が向いています。

また、闘うことに構造化されていますから、感情を抑制することが得意です。

近くの人間の感情に鈍感なのは、あまり敏感な人間だと外側の世界に繊細になり、恐怖を感じてしまい　狩猟や闘いでは使いものにならないからです。

男は巣の外側を守るように構造化されています。

だから、男は家庭内部の状態に関して、日常性の高いものには反応しないし、認知もしません。

男は問題解決思考に認知かつ情報処理が構造化されています。

要は男女がセットで生き残るように人間は構造化されています。

この違いを受容すれば、男女のコミュニケーションは爆発的に向上します。

D わかっていても難しい理由

ただ、それが一番難しいのです。

何故ならば、男が少年時代に見た理想の女性は、大体認知と情報処理が男性化された存在です。

漫画、アニメ、映画などを通じて男は理想の女性を脳内で初期設定化しています。

彼女や妻がいない時に男性はその幻想を追って頑張ってきました。女性は、やはり漫画やアニメや映画を通して認知と情報処理が女性化した男性を認知します。

それが理想の男性として脳内で初期設定化されます。

その男性を求めて女性は一生懸命耐えて生きていきます。

そして、現実世界で異性と結ばれた時に、現実に直面します。

幻想は幻想だと。

しかし、僕の皮膚感覚では、その現実を受容できているカップルや夫婦はとても少ないように思えます。

E 結局脳内デトックスが必要

幻想との折り合いをつけて、現実を受容するのは精神的にとても大変です。

カウンセリング治療経験者の僕にはとてもよくわかります。

未来をとるか、過去への執着をとるか、で男女の仲は決まります。凄く大変ですが、これ以外はありません。

難しいです。

でも頑張れば、前に進むこともカウンセリング成功者の僕は経験的に知っています。

第四章

健康と
成長過程

1

健康法の土台

A 人間は地球上生物の一種なり

次に健康についてです。

軸はあります。

万物共生の基礎は我々も万物の一部であると自覚することです。

健康の基礎は甲田式健康法を土台とします。

甲田式健康法とは今は亡き甲田光雄先生が開発した健康法です。

B 甲田満男先生

甲田先生は戦前に生まれています。

先生は、幼少期から甘いもの依存性でした。そのせいで身体を悪くしていました。

先生は、大学生の時には医者からさじを投げられていたくらい不健康になっていました。

甲田先生は健康のために様々な療法を探していました。

その中で西勝造（１８８４～１９５９）という方に出会い、西式健康法を実行していき甘いもの依存を克服し、健康を回復していきました。

さらに、甲田先生は一般の人々が日常的に、楽に西式健康法を行えるようにアレンジをしました。

それが甲田式健康法です。

僕は甲田式健康法を、中途半端ながらも実践していきドンドン身体と精神が快活になっていきました。
ですので、健康法は甲田式を軸にしています。

C 甲田式健康法

甲田式健康法は主に

1 食事の習慣
2 健康体操
3 睡眠習慣

から成り立っています。基本的な思想として、やはり人間は進化していないことが軸にあります。

D 食事

まず食事習慣は1日2食、菜食、少食です。
朝は食べません。

夕食から18時間はものを食べない半日断食が基本です。

現代人の食事は、胃腸の消化能力のキャパシティーを超えているというのがベースです。

キャパシティーを超えて働いているので胃腸は過労状態になります。過労が毎日続くので胃腸は弱体化していきます。

さらに、胃腸が弱体化していき余剰な食物が胃腸に長期滞在する状態が続いています。

そうなると腸は、腐った食べ物を放置している冷蔵庫のような状態になります。

腐った食物は腸を弱らせます。

腸は免疫細胞の80％を製造する場所です。

また、ある研究によると、人間の細胞の原型は血液で、血液は腸で作られると言われています。

1日3食の現代人の食生活は、腸をひたすら過労状態に置き続けているので、免疫力と細胞が凄まじいスピードで劣化していきます。

ちなみに癌は、人間の身体のバランスが崩れて、癌細胞の異常増殖が起きた結果なる状態です。

人間の身体は生来癌細胞を持っています。

身体の免疫力の低下、身体の細胞の劣化がある境界線を超えたら、バランスが崩れて、癌が増殖していきます。

E ビーガンとの違いは、思想＝文脈の違い

同じ理由で、食べる量も少食にします。

菜食にするのは、ビーガンが言う「動物が可哀想だから」という理由ではありません。

あれはただの傲慢です。

人間の腸はそもそもが、菜食用にできています。

だから菜食です。

ビーガンの思想は、我々は肉を食べることができるけど温情で肉を食べない、という人間至上主義の傲慢の裏返しです。

人間至上主義の土台には一神教の文化があります。

五大宗教（キリスト教、ユダヤ教、イスラム教、仏教、ヒンドゥー教）の中の中東生まれの３つの宗教、キリスト教、ユダヤ教、イスラム教は一神教です。

一神教では、人間は神が自分に似せて作られた特別な生物だ、という考えがあります。

その土台の上に西洋文明は形成されてきました。

だから、動物や植物や自然に対して無慈悲な破壊ができるのです。

人間が文明を発達させることと連動して、拡大した不安を埋めるために無理やり生み出された側面もあると思います。

もしくは地球生態系の中で長い年月動物に餌として扱われた恨みが人間種の遺伝子に残っていて、その恐怖心との折り合いが無意識下では今一つついていないのかもしれません。

だから復讐したい気持ちが人間種にはあるのかもしれません。

でも、もうそんな心は捨てる時です。

地球が破壊されてしまいます。

頑張って共生世界を目指す時です。

F 甲田式の文脈は仏教

仏教の本道は、万物共生です。

万物は生命としては平等と説きます。

動物、植物、爬虫類、魚類、微生物など地球上生命体にはみんな、個性や才能や適正生存空間があり、ゆえに限界や制限があります。

当然、人間の機能にも限界や制限があります。

我々は肉食用にも、現代文明の贅沢な生活にも適応はできない生物だ、と受け入れることが大事です。

G 体操

次に健康体操です。

健康体操の目的は、背骨の矯正と手足の末梢の神経と血液の活性化と循環です。

人間は二足歩行を手に入れましたが、それゆえの負担も背負っています。その負担のケアになります。主に6つほどあります。やり方は是非とも資料を読んでみてください。

睡眠法は、板の上に、木の枕で寝ます。理由はやはり背骨の矯正です。背骨が曲がると、身体や骨に負担がかかるだけでなく、脳と身体を繋ぐ中枢神経は背骨にそって流れているのですが、弱体化します。会社に例えると脳が社長で手足や各内臓がそれぞれの部署で、中枢神経がそれぞれの部署の責任者だと考えるとわかりやすいです。

社長と現場のコミュニケーションが不全になります。

組織が機能不全になります。

背骨が曲がると身体は機能不全になります。

そして、この弱体化は初めの方で書いたように20才から始まります。

H 身体が全て教えてくれた

この圧倒的な現実を受け入れないと、人間は確実に不幸になります。僕が、西洋化が異常に進んだ現代文明に対する疑いを持ったのは、甲田式に出会ったことがキッカケになりました。

神は20才で、背骨が曲がり身体の機能不全の道を進む生物を神の代理として作った、らしいです。

僕は信じません。

やはり一神教ベースの人間至上主義より、仏教ベースの万物共生主義の方がみんな幸福になれますね。自分を万物の一部として捉える。それが幸福な人生の近道です。

コラム

電磁波

A 電磁波と生命

電磁波についてです。人間に合わない電磁波は避けましょう。

電磁波とは、例えば、「水分を温める電子レンジ」「携帯電話」「テレビ放送」「光」のことです（環境局ホームページより抜粋）。

人間の細胞は、原子と電子の結合でできています。星に例えると、土星で、星が原子、周りをまわっている沢山の衛星が電子です。原子と電子の間には引力のような力が働いています。それが電磁波です。ちなみに、太陽の光、音、ラジオの電波、人間の出す雰囲気、植物から出る波長、全て電磁波です（詳しく知りたい方は資料を是非とも）。

B 関係性が全て

物事は全て関係性で決まります。ラジオだと聞きたい局に合わせて受信できる電波を変えます。そうするとラジオが、電波を受信して、聞きたい番組がラジオの中にある、という状態になります。人間の細胞を最適な状態にする電磁波は20ヘルツです。電磁波の単位は主に、1秒間にどれくらい動くか、で決まります。20ヘルツが人間には最適です。しかし、スマホなど現代社会に存在する道具が発している電磁波は、20ヘルツを遥かに超えています。

一説には5Gは1億ヘルツを超えているのでは、と。ラジオと同じように人間は自分の近くに流れている電磁波を身体に受信します。外部にある電磁波を変調して体内に取り込みます。20ヘルツには変換できないまま取り入れます。当然原子と分子の関係性は変わります。簡単に言えば、細胞が壊れます。これが現代の電磁波です。

やはり我々は進化していないのです。

C 甲田式の先に万物共生社会あり

人間至上主義の洗脳から脱して、生物としての制限を受け入れて、万物共生世界を地球に作る。物理的な幸福よりも、もっと精神的な幸福、他者や他物の貢献に対する情熱を持つ生き方に人類がシフトしていく。これが正しい人類の道なのでしょう。

僕は色々と悩んでいる時期に先生の話を聞きました。

甲田先生は、かつてラジオで、この健康法が世界中に行き渡れば、世界の飢餓、食糧問題を解決できると話しておられました。

その情熱に僕は心を打たれました。そして世界平和を目指す道は遠くて果てしない道だ。だけど進んでみようと決めて、自分なりに色々と研究、内省して、この本を書いています。

2 人間の成長過程

A 人間の道とは

最後に人間の成長過程を話します。人間はザックリと分けると4回変化します。同時に人間の身体と脳は、これらの時期の課題に対応できるように変化します。課題を完遂できるように人間は構造化をします。

B【成長過程1】

初めは0才~14才です。この間は物事の実行力の習得です。スポーツや音楽などで技能習得力が一番強い時期と言われています。個々の技能を習得する時期です。スマホの機能で言えばアプリを習得するようなものです。国語力、数学力、コミュニケーション力、運動力、計算力など個々の技能を習得する時期です。もっと厳密に言えば0才～10才の間に情操教育で土台を作ります。

人間の認知機能の半分はまだ科学では、ハッキリと証明されていません。それはクオリア（qualia）と呼ばれるもので、物事の質を質感で捉える能力のようです。実は皮膚感覚で捉えて情報処理しているのでは、とも言われています。質とは物事の内部情報です。

内部の構造、配合、配列、状態のことを質と言います。味に敏感な人はわかりやすいです。同じ蕎麦を食べても味の質に敏感な人はゆで加減や、蕎麦粉の種類、下ごしらえの精度などを読み取ります。

そんな人をセンスのある人なんていいます。センスとは質を見分ける嗅覚のようなものです。技能の土台に質感があれば、より高度な技能習得が可能になるので情操教育は大事です。最近はないがしろにされている風潮がありますが。

C【成長過程2】

2番目が14才~28才で、知性を鍛えて技能を実行することを鍛える時期です。

知性と知能は違います。

会社に例えると知性は社長で、知能は各部署の責任者です。

知能は専門分野を実行する能力です。

知性は何を実行するか計画、誰にやらせるか判断、どのくらいやるか指令、いつやめるか決断する能力です。

高校生になると多くの人がアルバイトをします。例えばファーストフード店でアルバイトをするとしたら、調理、清掃、レジ、接客、仲間とのコミュニケーションが必要で、これらはバラバラに実行されるのではなく、臨機応変に連動して実行されることを求められます。この時に必要な力は判断です。知性は判断力を司ります。また、高校生になれば行動の領域が、家、学校、アルバイトと増えますね。ゆえに、人間関係の調節や、スケジュール管理、自分の体調管理や、進学や就職に対する準備、調査、計画などの課題も出てきます。

複数の課題を統合して判断するための知性を鍛えることが課題になります。前述の2つの時期に、脳はインプット（入力）がメインに働きます。

D【成長過程3】

3つ目に28才〜56才です。

この時期に脳の機能はカスタマイズ（変換）メインになります。情報を他人に伝えたり、物事を応用して実行できる能力などが高まります。最近はスポーツ科学の発達でボクサーの選手寿命が延びました。30代の世界チャンピオンなんてゴロゴロいます。ボクシングは相手との駆け引きやアクシデントに対する対応力などが強く求められます。30才を越えると経験と知識から洞察力も高まります。

ですから30代のボクサーは肉体の衰えを上手くカバーできればより完成度の高いボクサーになれます。また、この時期のメインは実は40代です。僕はカウンセリングの経験があるのでよくわかりますが、人間の内省力のピークは40代です。

カウンセリングとはザックリ言うと、自分の脳内情報空間の変容です。パソコンやスマホで言うとOSの変換です。プログラミング変換、と言っていいです。価値観の変換とも言えます。情報処理の原理原則が変わります。ゆえに行動、判断、着眼点、注目ポイントなどは全て変わります。異性の好みも変わります。

そして40代は価値観を大きく変える時期です。自身の生存の目的を次世代の育成に変える時期です。生物的に言い換えると、種族の繁栄に貢献することが目的になります。我々で言えば、人間種族の未来の繁栄に貢献することです。人間DNAの未来の繁栄と言ってもかまいません。そのために人生を使いたくなるような自分になるのが目的です。

40代は男女ともに肉体に変化があります。男性は実は40代は、50代の時期より男性ホルモンが低下して不安定になるのですがこれは移行状態だと思います。

また、不安が強くなると人間は本能が鋭くなります。本能とは論理化されていない情報処理能力です。研ぎ澄まされた本能が、人間の変容に役立ちます。ちなみにメンタルクリニックの先生が「人間が自分の過去と向き合い、自分を変えていく力がつくのは35才以降です」と言っていました。内省には知識、経験、知性が必要で、その時期はどうしても35才以降だそうです。

E【成長過程4】

最後が56才以降です。

この時期はアウトプット（出力）の時期です。脳科学的にはこの時期が脳の最盛期です。脳の個性にはデジタル脳と言われている局所優位の働きと、アナログ脳と呼ばれている統合優位の働きがあります。56才以降は　統合脳が最盛期になります。アナログ脳は配慮範囲が広い統合脳の働きとも言えます。直観力と呼ばれるものがあります。直観力は全体を把握する能力とも言われています。

文化的には西洋は観察による知性と理性による分析力が優位なデジタル脳文化です。東洋は体験による全体把握力が優位なアナログ脳優位な文化です。

直観力とは意識的に捉えている現在の課題の情報と無意識下に保持している今までの経験と知識を繋げて、物事を判断する能力です。

脳の全体活動と言ってもよいです。

脳のピークは56才を過ぎてから来ます。

F 生きた見本、ジャレド・ダイアモンド

実例で説明します。先ほどの説明とは逆になりますが、西洋人なんですが、この脳科学の知見を証明した人がいます。僕は彼ほどハッキリとした実例を知らないので彼による説明を行います。

アメリカ人の進化生物学者にジャレド・ダイアモンド（１９３７〜）という人がいます。現在86才です。彼は30年ほど前にある本を書きました。その本は凄まじい衝撃を読者に与えました。彼はアメリカの白人なのですが、彼が出し

た大作、『銃・病原菌・鉄』という一般向けの歴史本はあることを証明して見せました（『銃・病原菌・鉄【上下巻】1万3000年にわたる人類史の謎』ジャレド・ダイアモンド著、倉骨彰訳、草思社、2012年）。

それは「白人社会が現在世界の覇者になったのは偶然で運が良かっただけだ。決して白人が人種的に優れているわけではない。人間の能力は人種によってばらつきなどない」という内容です。

彼はそれを学術的な証拠を出して完璧に証明してみせました。その本により彼はピューリッツァー賞を受賞しました。僕は彼の著書は全て読みました。医学や地理、自然科学、心理学、生物学、言語学、歴史学などありとあらゆる学問の知見を使い、しかも専門家でない僕のような一般人にもわかるように説明してくれる凄まじい知性に、読みながら強烈な畏敬の念を抱きました。こんな人が世の中にいるのか！と。

彼はあるインタビューでこう言っていました。数学や遺伝子の研究など、細分化、専門化された分野の学問における知的なピークは30才までだが、歴史、政治、経済などいくつものジャンルの学問に精通して統合して分析する学問のピークはもっと後になる。私の知的なピークは60才だった、と。

彼が二分化したジャンルがデジタル脳領域とアナログ脳領域ですね。ジャレド・ダイアモンドは、その後『銃・病原菌・鉄』の続編を2つ出しました。彼は、地球の環境的な危機に警戒心を抱き人々に啓蒙するためにこの三部作を書きました。この三部作の狙いは、人間の脳内世界観を変えて人間の行動を変容して地球を救うことを目的にしています。カウンセリングを受けた僕にはよくわかります。ちなみに彼の奥さんはカウンセラーです。

奥さんとの共同制作だと思います。狙いが、完璧にカウンセリングと一緒ですので。彼が56才からの人間の力の見本になります。

G 人間の健全成長軌道

この人間の成長過程を知ることが、幸福のための必須です。人間は進化していません。ゆえに人間には適切な人生軌道があります。その道を歩みましょう。

人間の心の成長は、知識と経験をつむことにより、自己認識と世界認識を変容させることにあります。人間は30才くらいまで、とても変化に満ちた人生をおくります。身体の変化、人間関係の変化、社会的立場の変化と目まぐるしく変化します。その変化とともに前進をして、社会的な実績を積み重ね社会で安定的にいきていけるように自分を守ります。全てが未知な時です。

ですから、夢や憧れが必要です。僕や廻りの人間の意見をまとめると、人間の夢は10～30%は叶います。残りの70～90%は、全然叶わなかったり中途半端に叶ったりします。

ここで問題が生まれます。叶わなかった夢や理想とどう付き合うかで30才以降の人生は変わります。あれは夢だったんだ、あんな世界は世の中にはないんだ、と受け入れるのは大変です。また叶えらなかった自分を受け入れるのも大変です。自分と世界に幻滅をして、受容する作業が待っています。知識と経験が、自分と世界の幻想をめくってしまいます。受容には悲しみが伴いますが、この課題をクリアすると、自分と世界の中に違った観点からの素晴らしさがあることに気がつくようになります。

今まで興味の無かったことに好奇心をそそられます。僕の経験だと、悲しみとつきあいながら、40才を超えてから色々なものに興味をもちました。今まで興味の無かった生物学や政治、経済の勉強をはじめました。演歌、フォークソング、ブルースなどの音楽が好きになりました。野菜や豆腐、煮物が好きになり、かつては嫌悪していたアイドル文化に少しはまりました。

スポーツボクシングを49才で習い始めました。昔はガンガン前にでるボクシングに憧れていましたが、今は洞察力と分析力を活かした老獪なボクシングを自分の見本にしています。


自分の趣味嗜好が変わります。ダラダラしたものに興味をもつようになります。それは、夢や理想が覚めた分、日常性の高いものを肯定、受容したのだと思います。道を歩く、子供達や老人、障がい者の方々をみると戦士だなぁ、と思うようになりました。

社会的に価値が認められていなくても（金銭的な生産性のある活動ではない、と言う意味で）自分の課題と付き合っている人はみな戦士です。

このような過程をふめない人間は、心の世界が変わりません。物理世界では大人な活動や役割をしていても、内面世界は幻想への執着があります。彼らはバランスをとるために、過剰なレジャーや子供に金をかけて教育をします。やたらに人生を楽しみたい、という願望が強い人間もそうです。

美魔女、ちょいワル親父、俺まだ本気を出していないだけ、異常な韓流のおっかけ、過剰なアイドルオタクのオッサン、やたらと人生をエンジョイしていることを主張してくる人間、アピールする人間、これらは全て、叶わなかった幻想に執着している人間の言動です。ポイントは、日常性を受け入れた人間は、専念と長期活動に対する耐性が強くなるということです。忍耐が前より楽になる、ということになります。逆に心の成長に失敗した人間は、どこか無理して10、20代的な幻想を保持しています。僕の経験では、40代が心の成長のもっとも進む時期です。これを逃すと、中々大変かもしれません。

無駄に元気な中高年を現実や動画の世界で見たら、あー成長に失敗した人間種なんだなぁ、と思って間違いないです。

無論、選択は個人の自由です。でも僕は絶対に嫌ですね。芋虫はサナギになり、やがて蝶々になります。彼らはサナギから芋虫に戻りたがっている生物です。道から外れているし、なんか痛々しいですよね。彼らはそれでもずーっと若者でいたいのでしょう。

でも本当の若者の人生は力を手に入れるために日々格闘しているのでは?と思いますが彼らにはそう見えないのでしょう。

僕は、ジャレド・ダイアモンドみたいな老人を目指します。だって彼は最高にカッコいいから。ネットの動画で彼の映像を見たら、スゲー普通のおじいさんでした。優しそうなフツーのおじいちゃんです。そんなところも最高にカッコいいですね。

なんだ、散々偉そうなことを言っていて最後はカッコいい人間になりたいってオチかよって声が聞こえて来そうですね。答えはＹＥＳです。

僕は死ぬまでカッコいい人間でいたいんです。女性にもモテたいし、若者にも、同世代にも、年上にも、子供にも、海外の人にも、動物にも、植物にも、微生物にも死ぬまでモテたいんです。だってモテる方が、人気がある方がコネクションやネットワークが豊潤になります。

だから生存確率が上がるし、豊かな生存活動家ができますよね。だから、モテたいんです。なんでお前はそんなに生存にこだわるのかって？

だって、僕は生物ですから。

あとがき

～世界に冠たる逃亡民の末裔としての誇りを胸に～

最後まで書けました。初めての本だったので書き切れるか不安でした。不安だらけでしたが、とにかく自分の持っている情報を世の中に還元したい、という欲望だけで突っ走りました。

僕の願いはやはり、万物共生世界です。

僕のビジョンと欲望は地球が万物共生世界になることです。

20年近く持病である対人恐怖症とやり合い、克服する中で何度も挫折と裏切りと自己嫌悪に陥りました。何度となく死が身近に近付きました。メチャクチャ大変でしたが、充実もしていました。人間は進化していないので、生存活動にもっとも充実感を感じるのでしょう。文明の発達により生存は楽になりましたが、人間の脳の初期設定は毎日が生存をかけた活動の日々用に定まっているのでしょう。

だから、充実をしていました。

そんな経験を20年近く過ごした僕は、多分意義のあることを毎日やりたい、という欲望の強い人間になったのだと思います。充実感のある活動をして、死にたい、と。

病気が僕を、人間本来の姿を発見させてくれたのだと思います。

世界平和ではなくて、万物共生という言葉が僕は好きです。

世界平和はなんかファンタジーなイメージがあります。

万物共生は、リアルなイメージがあります。

万物が仲良くするのは何か大変そうです。軋轢を日々調節しないといけないイメージがあります。

でもリアルでいいなぁ、と思います。

少し自分を振り返り考えてみれば、僕は昔から少し変わった人間でした。

小学生の頃よく、テレビでアマゾンの自然を守ろう、自然を保護しようというメッセージが流れていました。

僕はメッセージにある違和感を感じました。

アマゾンの自然は確かに守るべきだ。しかし、アマゾンの自然を伐採してお金を稼ぎ生活している現地の人々がいる。

彼らはどうするんだろう？　彼らの生活を保証しないと、アマゾンの自然は守れない。でもそのための手立ての情報は一切流れてきませんでした。

僕は姉や周りの大人や友人に僕の意見を言いました。

しかし「へぇ～、そうだねぇ」くらいの軽さで、対応されてしまいました。その頃から、周囲とのギャップと世の中に対する違和感を持っていた、と思います。

その後病気の経験を通して世の中への違和感は深くなりました。治療に使った知識や経験や見識は、人間に普遍的な利益をもたらす。しかし、そういう情報は殆ど世の中に流れていない。また、コロナが流布した時も、同じような違和感を感じました。社会は何か、やっぱりおかしい、と。

だから、必死に調べて、その内容を要約してこの本にしました。

結論は、意外と悪人が世の中の上層にいる、というものでした。陰謀論と言えば陰謀論です。しかし、世の中の常識と違うものは常にトンデモ科学と同じ扱いを受けます。

現代文明を支えている量子力学もかつては、トンデモ科学でした。世の中の常識なんてそんなものです。

僕の考察では悪人は心が不幸です。不安と恐怖に怯えています。その苦しみから逃れるために、世界を支配したいのでしょう。そうすれば自分は安定すると信じているのでしょう。

常識から見れば僕の見識はおかしいですね。でも僕には確信があるのです。

では、どうしようか？と。ヒントは日本の歴史にありました。日本はどうやら元々逃亡民が作った国らしいのです。

縄文人の遺伝子はチベット人と同じです。さらに遡ると東アフリカから生まれた遺伝子が源になります。

同じ系統ではユダヤ人や中東人になります。

恐らく派閥争いに負けて、東アフリカから逃亡、中東からチベットに渡った。チベットから中国に渡った同種が中国や朝鮮での種族争いに負けて、約束の地を求めて島国についた。そこに定住したのが日本人の祖先になるようです。

縄文人の遺伝子はチベットから日本の間には残っていません。

多分皆殺しに遭ったのでしょう。

縄文中期から、日本には中国、朝鮮、ロシア南部、モンゴルなどから移民が入ってきました。

また、中東からユダヤ人も移民として入ってきました。

さらに、弥生以降はフィリピン、インドネシア、タイ、などの地域からも移民が入ってきました。

日本は逃亡民のミックスの混血文明なんです。

その後の日本の歴史は、
①朝鮮と中国の連合軍の侵略に備えるために日本の一体化と強化。そのために『日本書紀』と『古事記』をつくり日本国を強化。
②元＝モンゴルの侵略に対抗
③ヨーロッパの侵略に対抗するために鎖国。当時の宣教師達は、スパイと洗脳用の部隊でした。日本の内部を分断と弱体化させるのが目的でした。だから徳川幕府はキリスト教を弾圧。そして鎖国をしました。
④しかし、江戸幕府が260年間国内の秩序を維持している間に西洋の国家は、道具の発達により、経済と軍隊を強化しました。そして、ペリーが来日しました。無論日本を植民地化して利用するためです。260年間の間にヨーロッパの王者は、スペイン&ポルトガルから、イギリスとオランダに変わっていました。アメリカは事実上、ヨーロッパの国際金融資本団体が作った国です。彼らは、イギリス、オランダなどに投資をしてヨーロッパを乗っ取りました。ペリーは、ヨーロッパの新しい王者の手先です。

⑤それでも明治政府は、なんとか日本を守りました。日清戦争、日露戦争、満州国設立で、ロシアの南下を食い止める基地を拡大。さらに太平洋戦争は本来インドをイギリスから奪い、天然資源や労働力を確保して、経済的な資源を獲得することが目的でした。

これらは全て日本国の専守防衛の国策でした。

原点が逃亡民にして、ミックスです。せっかく苦労して手に入れた居場所を手放したくない、という民族的な共通ビジョンが背後に流れているように感じました。

日本のベースがサバイバーにして、初期設定弱者、と捉えるとなにやら日本の実相が見えてきます。

文脈が変わると、知覚が変わります。

そんな日本は世界の人々の見本になります。

だって世界中の殆どの人々はヒエラルキーの下部にいる弱者です。

日本文化は弱者が初期設定です。

まさに人間大多数専用文化です。日本文化は民衆文化です。

話は変わりますが、僕はボクシングが好きで、よくテレビで見ています。

また最近はスポーツボクシングを習い始めました。

ボクシングのよいところはパワーに頼らないところで、あの手この手で、相手を消耗させて、騙して、なんとか勝ってやろうという人間のリアルな精神があります。

強くて、賢くて、セコい奴が勝つスポーツです。

とても人間らしく、人間の生存活動によく似ています。

粘り強く、セコく、勝ちを狙っているボクサーに僕は人間の本当の強さを見いだします。

世界中の弱者初期設定の大多数の人々がボクサーのようになれば万物共生世界は可能になります。

その夢のためにこの本を書きました。

世界中の逃亡民が作った日本、その日本の文化を源にした情報を世界に流布して、万物共生世界を作る。

最高すぎるビジョンです。

確かに凄い大変そうですが、面白すぎるこの夢を僕は行きます。

だって、きっとこの活動には凄い充実感があります。

まぁ、結局僕は人間なんです。

進化していないんです。

定年したらタイか、フィリピンに移住するかつての夢は幻想の幸福だったのでしょう。

しかし、タイかフィリピンへの移住を夢みたいということは、僕の遺伝子はあっちから来たのかもしれません。

父方の血筋は四国出身です。西の島国です。

確かに東南アジアから人が移住していてもおかしくない地域です。

そういえば、大学時代に池袋のタイレストランでアルバイトした時にメチャクチャ居心地がよかったです。

ラテン系のボクサーやサッカー選手も昔から好き。

肌が浅黒い女性も昔から好き。東南アジア、南米、イタリア、スペイン、ポルトガル、アフリカ系統には昔から親近感を感じます。

本当に日本人は、混血逃亡民の集まりなんですね。

昔カウンセラーから、人間は言葉や気持ちを誤魔化しても行動に本音が出る、と言われました。

行動の土台は、感情。

僕は多分東南アジア系統の遺伝子が濃いのかもなぁ。

そういえば、僕働くの嫌いだし。

やっぱり、南国に移住しようかなぁ。

何かめんどくさくなってきたなぁ。

とりあえず、ラッシーでも飲んで休憩しよう。

休憩こそ、地上に存在する最高の涅槃だ、って釈迦も言ってなかったっけ？

おわりに

全てを書き終えました。ふっと思い出しました。

昭和の文豪三島由紀夫はこう言っていました。「作家は処女作が全てである、と。処女作にその人間の伝えたいことは全て書いてある」と。彼の言葉の観点から、自分の文章を読みました。

僕の本の内容はザックリと言うとライフハックの本です。ライフハックの先に万物共生社会が待っているという内容です。さらに深掘りすると、自分の生活の課題を変える挑戦をしていこう、というメッセージの本であり、その奥にはこの挑戦の中にのみ今死んでも悔いない人生が送れるという哲学がありました。

僕の哲学の基盤はアルベルト・カミュです。昔、落合信彦という国際ジャーナリストのファンでした（ちなみに、現在活躍中の学者落合陽一さんのお父さんです）。

彼の著作を読んでいく中で、落合信彦が一番好きな本はフランスの哲学者アルベルト・カミュの『シーシュポスの神話』であることがわかりました。ザックリと内容を要約すると、ギリシャ神話の話で、シーシュポス王は地上での罪で、地下に送られて永久に無益な労働を強いられる運命にあいます。山の下からデカイ岩を、一人で山の頂上まで転がして運びます。しかし、頂上についたとたん岩は下に転がり落ちます。シーシュポスは、トボトボと山を下ります。そして岩を山に運びはじめます。これが永久に続くのが彼の運命です。カミュはこの神話に独自の解釈を与えます。カミュは、シーシュポスが山を下る瞬間に着眼します。シーシュポスはその時に落ち込みません。けれどもいつか誰かが奇跡をおこしてくれるかも、というファンタジーもいだきません。

シーシュポスは己の運命を直視して、受容します。そしてこう言います。全てよし、と。カミュはこの瞬間こそ人間の勝利だ、と言います。

人間には自分ではどうしようもできない現実がある。勝てない、変えられない、でも人間はその現実を受け入れて、向かいあっていれば勝者なのだ、とカミュは言います。人間の勝敗は、態度で、心で決まるのだ、と。

僕達もシーシュポスと何も変わりません。明日南海トラフ地震が来るかもしれません。5年後に失業しているかもしれないし、70才になってからガンになって、しかも金がないかもしれません。明日交通事故にあうかもしれません。苛烈な現実は変えられないかもしれません。いつ、どんなことが起きるかわからないのが人生の実相です。

でも、日々人生の課題に、生活の課題に挑戦してきたら自分ならば、きっとどんな現実も受け入れられる自分になっています。結局、人生の目的はシーシュポスのような強い自分を作り上げることなんです。

生活をハックして、幸福になり、その先に万物共生社会をつくりあげる道の上にいること自体がシーシュポスへの道になります。

そう、僕の目的はシーシュポスになることなんです。また、この本を読んでくれた貴方がシーシュポスへの道を歩んでくれることです。

人生に課題は常にあります。どんな人にも、どんな生物にも。人間の勝利は、課題と向かいあっている状態を維持し続けられるかどうか、なんです。カミュは、幸福とは状態だ、と言いたかったのでしょう。

貴方もシーシュポスを目指しませんか？　僕が生涯伝えたいことは、多分これだけです。

最後の結論はシーシュポスでした。ギリシャ神話からのメッセージでした。ギリシャ文明は3000年前に栄えた文明です。それでも僕の精神に強く楔をうつのは、それだけ普遍性のあるメッセージなのでしょう。もしくはDNAにスイッチが入ったのかもしれません。日本人にユダヤや中東のDNAが入っているのですから、地中海を挟んだご近所であるギリシャのDNAがユダヤ人や中東と融合していてもおかしくありません。融合されたDNAが僕にも内在していて、たまたま落合信彦により刺激されて表面化したのかもしれません。

また、甲田先生は日本、釈迦はインド人です。ユダヤ、中東、インド、日本、みんな東アフリカから生まれたDNAの系統です。同じイメージをDNAに宿していてもおかしくありません。

しかも、ギリシャの影響は北上してヨーロッパの北部にも浸透しています。アングロサクソン文化に影響を及ぼしています。北アメリカ、南アメリカ大陸の先住民はアジア系統です。そう考えると、アフリカ、アジア、ヨーロッパ、アメリカ、オセアニア、全ての人々の普遍的な願いはシーシュポスになることなのかもしれませんね。

みんなで、シーシュポスになりましょう。

おわり

参考文献

施 光恒
『英語化は愚民化 日本の国力が地に落ちる』 2015 集英社
『本当に日本人は流されやすいのか』 2018 角川書店

三橋貴明
『知識0からわかるMMT入門』 2019 経営科学出版
『99%の日本人が知らない 明治維新の大嘘「司馬遼太郎の日本史」の罠』
2019 経営科学出版
『日本経済 失敗の本質：誤った貨幣観が国を滅ぼす』 2023 小学館

堤 未果
『沈みゆく大国 アメリカ』 2014 集英社

『株式会社アメリカの日本解体計画』２０２１　経営科学出版

ロバート・キヨサキ
『金持ち父さん　貧乏父さん』２００１　筑摩書房
『金持ち父さんの投資ガイド　入門編』２００２　筑摩書房
『金持ち父さんのパワー投資術』２００５　筑摩書房

岸田　秀
『ものぐさ精神分析』１９８４　青土社
『性的唯幻論序説』１９９９　文藝春秋
『二番煎じ　ものぐさ精神分析』１９７９　青土社
『フロイドを読む』１９９１　青土社
『幻想の未来』１９９３　青土社
『二十世紀を精神分析する』１９９６　文藝春秋
『幻想に生きる親子たち』２０００　文藝春秋

『日本がアメリカを赦す日』2001 毎日新聞社
『史的唯幻論で読む世界史』2016 講談社
『唯幻論始末記 わたしはなぜ唯幻論を唱えたのか』2019 いそっぷ社
『仏教と精神分析』1982 小学館

フェリックス・マーティン
『21世紀の貨幣論』2014 東洋経済新報社

苫米地英人
『洗脳原論』2000 春秋社
『脳と心の洗い方』2006 フォレスト出版
『夢をかなえる洗脳力』2007 アスコム
『洗脳支配 日本人に富を貢がせるマインドコントロールのすべて』
2008 ビジネス社
『まずは親を超えなさい!』2009 フォレスト出版

『テレビは見てはいけない　脱・奴隷の生き方』２００９　ＰＨＰ出版
『フリー経済学入門』２０１０　フォレスト出版
『お釈迦様の脳科学　釈迦の教えを先端脳科学者はどう解くか？』２０１０　小学館
『バイリンガルは二重人格』２０１０　フォレスト出版
『君は１万円札を破れるか？　お金の洗脳を解くと収入が倍増する』
２０１１　マキノ出版
『日本人の99％が知らない戦後洗脳史　嘘で塗り固められたレジーム』
２０１４　ヒカルランド
『明治維新という名の洗脳』２０１７　ビジネス社
『《思いのままにお金を集める》Dr.苫米地式資産運用法なら誰もが絶対にrichになれる！』
２０１５　ヒカルランド

林　千勝
『日米開戦　陸軍の勝算「秋丸機関」の最終報告書』２０１５　祥伝社
『近衛文麿　野望と挫折』２０１７　ワック

『日米戦争を策謀したのは誰だ！ ロックフェラー、ルーズベルト、近衛文麿そしてフーバーは』
２０１９ ワック

黒川伊保子
『恋愛脳 男心と女心は、なぜこうもすれ違うのか』２００６ 新潮社
『日本語はなぜ美しいのか』２００７ 集英社
『英雄の書』２０１５ ポプラ社
『成熟脳 脳の本番は56歳から始まる』２０１８ 新潮社
『コミュニケーション・ストレス 男女のミゾを科学する』２０２４ ＰＨＰ研究所
『ヒトは7年で脱皮する 近未来を予測する脳科学』２０１８ 朝日新聞出版

マリン・カツサ
『コールダー・ウォー ドル覇権を崩壊させるプーチンの資源戦争』２０１５ 草思社

参考文献

ジークムント・フロイト
『モーセと一神教』２００３ 筑摩書房

ユング
『自我と無意識』１９９５ 第三文明社

梶野真、岩井俊憲
『アドラー心理学を深く知るための29のキーワード』２０１５ 祥伝社

河合隼雄
『ユング心理学入門』１９６７ 培風館
『中年クライシス』１９９３ 朝日新聞出版

岩立康男
『直観脳 脳科学がつきとめた「ひらめき」「判断力」の強化法』２０２４ 朝日新聞出版

スーザン・ケイン
『内向型人間の時代 社会を変える静かな人の力』２０１３ 講談社
リチャード・E・シトーウィック
『共感覚者の驚くべき日常 形を味わう人、色を聴く人』２００２ 草思社
アラン・ピーズ
『話を聞かない男、地図が読めない女』２００２ 主婦の友社
『セックスしたがる男、愛を求める女』２０１０ 主婦の友社
エーリッヒ・フロム
『悪について』２０１８ 筑摩書房
M・スコット・ペック
『平気でうそをつく人たち 虚偽と邪悪の心理学』１９９６ 草思社

ジャレド・ダイアモンド
『銃・病原菌・鉄』２０１２ 草思社
『文明崩壊 滅亡と存続の命運を分けるもの』２００５ 草思社
『昨日までの世界 文明の源流と人類の未来』２０１７ 日本経済新聞出版社
『若い読者のための第三のチンパンジー』２０１７ 草思社
『セックスはなぜ楽しいか』１９９９ 草思社
『危機と人類』２０１９ 日本経済新聞出版社

甲田光雄
『奇跡が起こる半日断食 朝食抜きで、高血圧、糖尿病、肝炎、腎炎、アトピー、リウマチがぞくぞく治っている！』２００１ マキノ出版
『あなたの少食が世界を救う』２０１７ 春秋社
『断食博士のくろう話 少食を守る人に天はほほ笑み、すこやかな長寿を与えてくれます』２００２ マキノ出版
『アレルギー性疾患の克服 断食・少食で体質は変わる』１９８６ 創元社

船瀬俊介
『奇跡を起こす「波動医学」〝量子力学〟が切り開く未来医療革命』２０２３ 共栄書房
『世界をだました５人の学者 人類史の「現代」を地獄に墜とした悪魔の〝使徒〟たち』２０２２ ヒカルランド
『クロス・カレント 電磁波〝複合〟被曝の恐怖』ロバート・O・ベッカー著、船瀬俊介訳 ２０２２ ヒカルランド
『ＳＴＡＰ細胞の正体「再生医療は幻想だ」復活！千島・森下学説』２０１５ 花伝社
『沖正広がのこしてくれた治すヨガ！』２０１５ 三五館新社

千村晃
『これからはメンタル美人 内から輝くあなたへ』２０１２ カナリア書房
『医者の９割はうつを治せない』２０１７ 祥伝社

大渕憲一
『満たされない自己愛 現代人の心理と対人葛藤』２００３ 筑摩書房

参考文献

内田　樹
『街場の共同体論』２０１４　潮出版社

横山紘一
『唯識思想入門』１９７６　第三文明社

ロイ・バウマイスター
『WILLPOWER 意志力の科学』２０１３　インターシフト

デビッド・アレン
『はじめてのＧＴＤ　ストレスフリーの整理術』２０１５　二見書房
『ひとつ上のＧＴＤ　ストレスフリーの整理術　実践編』２０１０　二見書房

ロルフ・ドベリ
『Think clearly　最新の学術研究から導いた、よりよい人生を送るための思考法』
２０１９ サンマーク出版

田中英道
『日本とユダヤの古代史&世界史 縄文・神話から続く日本建国の真実』
２０２３ ワニブックス
『日本人にリベラリズムは必要ない。「リベラル」という破壊思想』
２０１７ ベストセラーズ

広瀬 隆
『日本近現代史入門 黒い人脈と金脈』２０２０ 集英社

池田大作
『社会と宗教』１９９６ 聖教新聞社出版局

『二十一世紀への対話』聖教新聞社出版局
『二十一世紀への警鐘』聖教新聞社出版局

中野剛志
『世界インフレと戦争 恒久戦時経済への道』２０２２ 幻冬舎
『奇跡の社会科学 現代の問題を解決しうる名著の知恵』２０２２ ＰＨＰ研究所

ユヴァル・ノア・ハラリ
『サピエンス全史』２０１６ 河出書房新社
『ホモ・デウス テクノロジーとサピエンスの未来』２０１８ 河出書房新社

中野信子
『努力不要論』２０１４ フォレスト出版
『脳・戦争・ナショナリズム 近代的人間観の超克』２０１６ 文藝春秋

ボー・ロット
『脳は「ものの見方」で進化する』２０１７ サンマーク出版
ジョージ・サイモン
『他人を支配したがる人たち』２０１４ 草思社
ジェフリー・フェファー
『「権力」を握る人の法則』２０１４ 日本経済新聞出版
今西錦司
『進化とはなにか』１９７６ 講談社
カール・ポランニー
『大転換』２００９ 東洋経済新報社

アルベルト・カミュ
『シーシュポスの神話』１９６９ 新潮社
アラン・B・チネン
『大人のための心理童話 上　心の危機に処方する16の物語』１９９５ 早川書房

〈著者紹介〉
宮本 毅（みやもと つよし）
49才、東京都豊島区在住。個人事業主。25才〜44才までうつ病を保持。様々な経験を重ねた後に、40〜44才までの4年間のカウンセリング治療にて寛解。その時の経験と知識を一般社会に還元することを志して、活動を準備中。

〈来歴〉

1999年大学卒業、大手流通小売企業に入社。しかし、うつ病になり退社。

2000年から14年間心療内科に通いながら、様々な職業を経験をする。

2014年から個人メンタルクリニックでカウンセリング治療をうけてうつ病克服。

2018年から治療後のリハビリ、社会復帰を目指す。障害者の施設を使用しながら体力をつくる。

2021年から一般企業の障害者枠で勤務。

2023年実父が逝去。

2024年に遺産が入る。その資金を元手に起業を決意。現在、公的機関、東京創業ステーションに通いながら執筆などを使用したネットワーク作りの準備中。

今後、5年間で年商1億を目指す。資金を確保し、その後のビジョンである万物共生社会の構築の為、人材の育成、次世代とアジアへの貢献を目的に日本海国側への拠点移住を計画中。

バックトゥ生物《せいぶつ》

2025年1月29日　第1刷発行

著　者　　宮本 毅
発行人　　久保田貴幸

発行元　　株式会社 幻冬舎メディアコンサルティング
〒151-0051　東京都渋谷区千駄ヶ谷4-9-7
電話　03-5411-6440（編集）

発売元　　株式会社 幻冬舎
〒151-0051　東京都渋谷区千駄ヶ谷4-9-7
電話　03-5411-6222（営業）

印刷・製本　中央精版印刷株式会社
装　丁　　秋庭祐貴

検印廃止

Printed in Japan
ISBN 978-4-344-69198-8 C0095
幻冬舎メディアコンサルティングＨＰ
https://www.gentosha-mc.com/